有元葉子

味噌、酒粕

家の光協会

味噌や酒粕の複雑なおいしさは日本人だけのお楽しみです

味噌も酒粕も我が家では、なくてはならない調味料です。体によい発酵食品であることは万人の知るところで、当たり前の常識です。

しょうゆは世界の調味料となり、今やイタリアの田舎町の小さなスーパーでさえ、あの赤いふたの瓶が売られています。が、外国では味噌や酒粕はさすがにありませんし、その存在さえ知らない人がほとんどです。これこそ、日本人だけのお楽しみにしておきたい貴重なものです。そのおいしさを生かした料理は、日本ならではです。

麹と大豆が時間をかけて醸し出す複雑なおいしさを持つ味噌、酒を搾ったあとのうまみたっぷりの酒粕を毎日の料理に使うことで、まちがいなく家のごはんがおいしくなります。味噌や酒粕は各人各様、好みが違うのがおもしろいし、違ってこそよいのだと思います。なんといっても子どものころからなじんでいる味がいちばんです。だからみんなそれぞれ違って当たり前。まだ「うちの味はこれ」というものがない方は、これからいろいろ試してうちの味を探したり、麹がもととなっているさまざまな調味料で我が家の味を作り出したりしていくことで、食生活をワンランクアップさせることもできます。

わたしは、海外に行くときは味噌を少し持っていきます。海外の味に疲れたときは味噌汁を飲むとホッと癒されます。だしは、いりこがなくても野菜のだしで十分です。味噌汁の香りはイタリアの田舎ではだれもかいだことのない香りのようです。香りは隣近所にも漂うので、隣人を驚かせないように、味噌汁はごく薄めに仕立ててさっといただくようにしています。日本にいれば味噌汁の香りはどこの家からも漂ってくる当たり前のものですが、味噌がまったくない地では味噌汁の香りがこんなに隣近所を驚かせるものだったとは、イタリアで味噌汁を作るまで思いもよらないことでした。麹を糧とした味噌や酒粕のおいしさを当たり前に楽しめる日本の食の豊かさは、なんと幸せでありがたいことかと、つくづく思います。

有元葉子

目次

味噌味のおかず

酒粕

【本書の使い方】

★計量単位は、1カップ＝200㎖、大さじ1＝15㎖、小さじ1＝5㎖です。

★ガスコンロの火加減は、特にことわりのない場合は中火です。

★特にことわりがない場合、塩は精製されていないもの、こしょうは粗びき黒こしょうを使います。

★バターは有塩、オリーブオイルはエキストラバージンオリーブオイルを使います。

★メープルシロップはカナダ・ケベック産の透過度の高いゴールデン（デリケートテイスト）を使います。好みで三温糖やきび砂糖、みりんを使用しても構いません。

味噌

食べて育った味、食べ慣れた味噌がいちばんです

「手前味噌」というくらい、味噌は好みが分かれるものです。

わたしの場合はもう四〇年も前、お隣のおばさまから「このお味噌、おいしいから試してみて」といただいたのがそもそもの始まりです。お味噌汁にしたら家族もたいへん気に入ったし、お友達に教えたらみんながファンになった新潟の麹味噌です。数年後この味噌蔵を訪ねることになり、麹づくりをはじめ、すべての製造工程を見学しました。以来うちのふだんの味噌汁の味噌はこれ、と決まっています。

一方でわたしの父方の家は会津若松で三〇〇年続く味噌、しょうゆ、酒を造る醸造元です。わたしは子どものころからこの味噌で育ちました。会津好みの、しっかりとした味の味噌です。三〇〇年味噌蔵にすみ着く菌がこの味噌を作るから、蔵の建て替えはできないそうです。我が家の夏のおかずの定番、なす味噌や家族の大好物の肉味噌、長ねぎと混ぜた練り味噌などには会津の味噌が合います。

このほか、味噌には漬け床や調味料として幅広い使い道があります。味噌を加えることで発酵食品独特の深い味わいが醸し出され、えも言われぬよい香りも味噌ならではのものです。

味噌は、自分が食べて育った味や、長らく使ってきた食べ慣れた味がいちばんです。人それぞれ、みな違っていいし、それが当たり前なのだと思います。うちの味噌はこれ、があるのは幸せなことです。

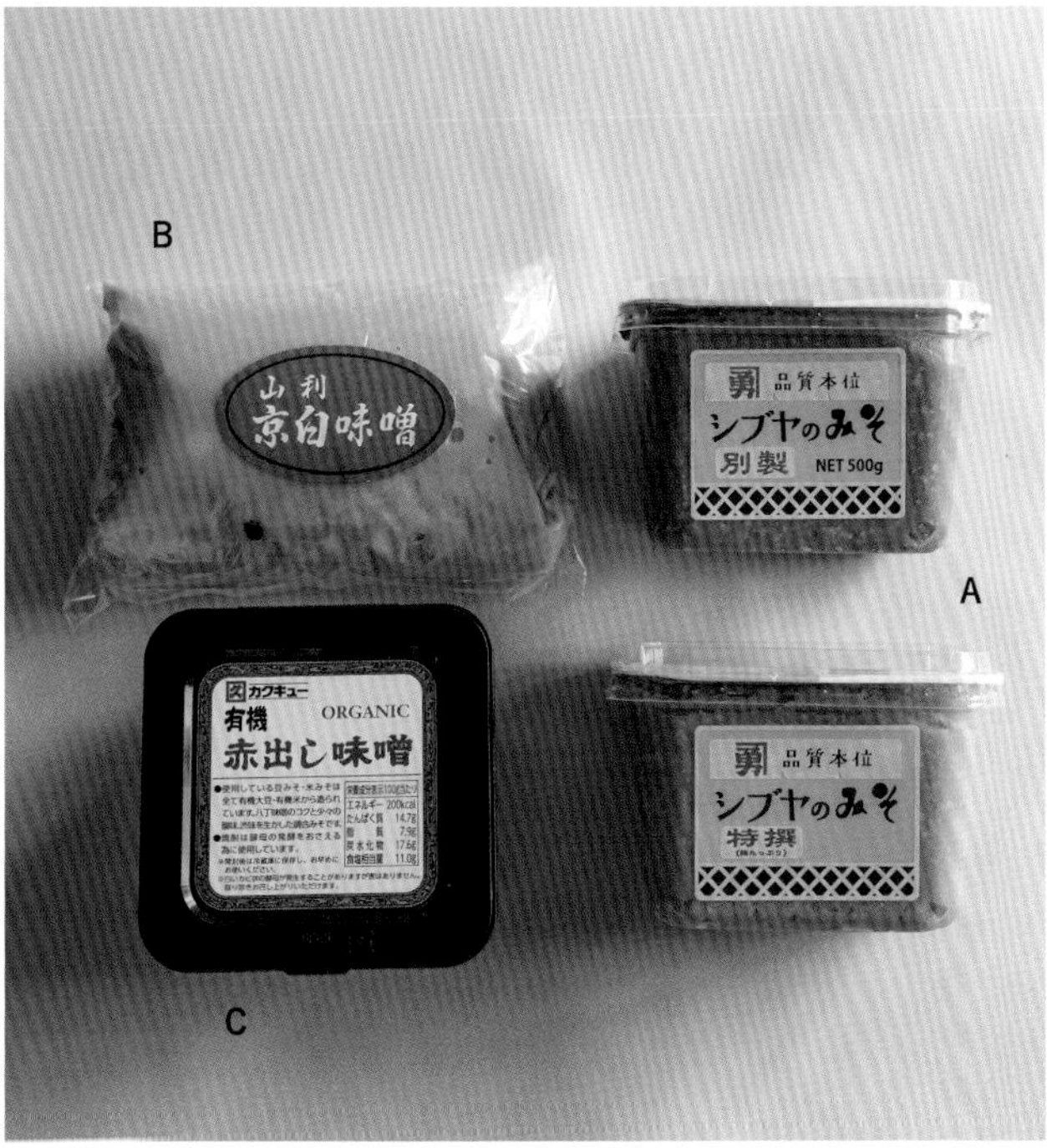

A　この本のほとんどの料理に使っているのは、信州味噌・越後味噌に代表される、最も標準的な**味噌**。色が濃い辛口、色が薄めの甘口があります。私が何十年も変わらずに使い続けているのは新潟の渋谷商店のもので、別製と特撰の2種類。別製は国産米麹入りの色が濃い辛口味噌で、まろやかでコクのある風味が魅力です。特撰は上質な国産米麹をたっぷり使った色が薄めの甘口味噌で、上品でさわやかな風味。封を開けると風味が少しずつ飛んでいくので、小さめのものを買い求め、味が落ちないうちに使い切るようにします。

B　**白味噌**。皮を取った大豆と良質の米を原料とした、ふっくらとした味わいが特徴の味噌。麹の割合が高いので甘く、塩分がほかの味噌に比べて低く、短期熟成のため色が白いので白味噌と呼ばれます。

C　**赤味噌**。八丁味噌を代表とする、色が濃い茶褐色の豆味噌。色が濃いため塩分が高そうにみえますが、あっさりとした味わいで甘さ控えめです。この本では豆味噌と米味噌を混ぜ合わせた、まろやかな風味でクセのない、なめらかな「赤出し味噌」を使います。

味噌汁

焼きなすの味噌汁

焼きなすのおいしさは、皮が焼けたときにつく香り。
なす自体の味も凝縮されて、味噌汁の実にすると極上のおいしさです。
夏の味噌汁だから、辛口味噌で。みょうがの代わりに新しょうがでも。

[材料] 4人分
なす　3〜4本
みょうが　3〜4個
だし汁　4カップ
味噌　大さじ3

1　焼き網を強火で熱し、なすをのせ、皮全体が黒くなるまでときどき転がしながら焼く。ヘタの部分を切り落とし、竹串で皮をむき、竹串で縦半分にさく。
2　**1**のなすを半分の長さに切り、お椀に入れる。
3　みょうがは斜め薄切りにする。
4　鍋にだし汁を入れて火にかけ、だし汁が温まったら、味噌を丸ザルで濾しながら溶き入れて火を止める。
5　**2**に味噌汁を注ぎ入れ、みょうがをのせる。

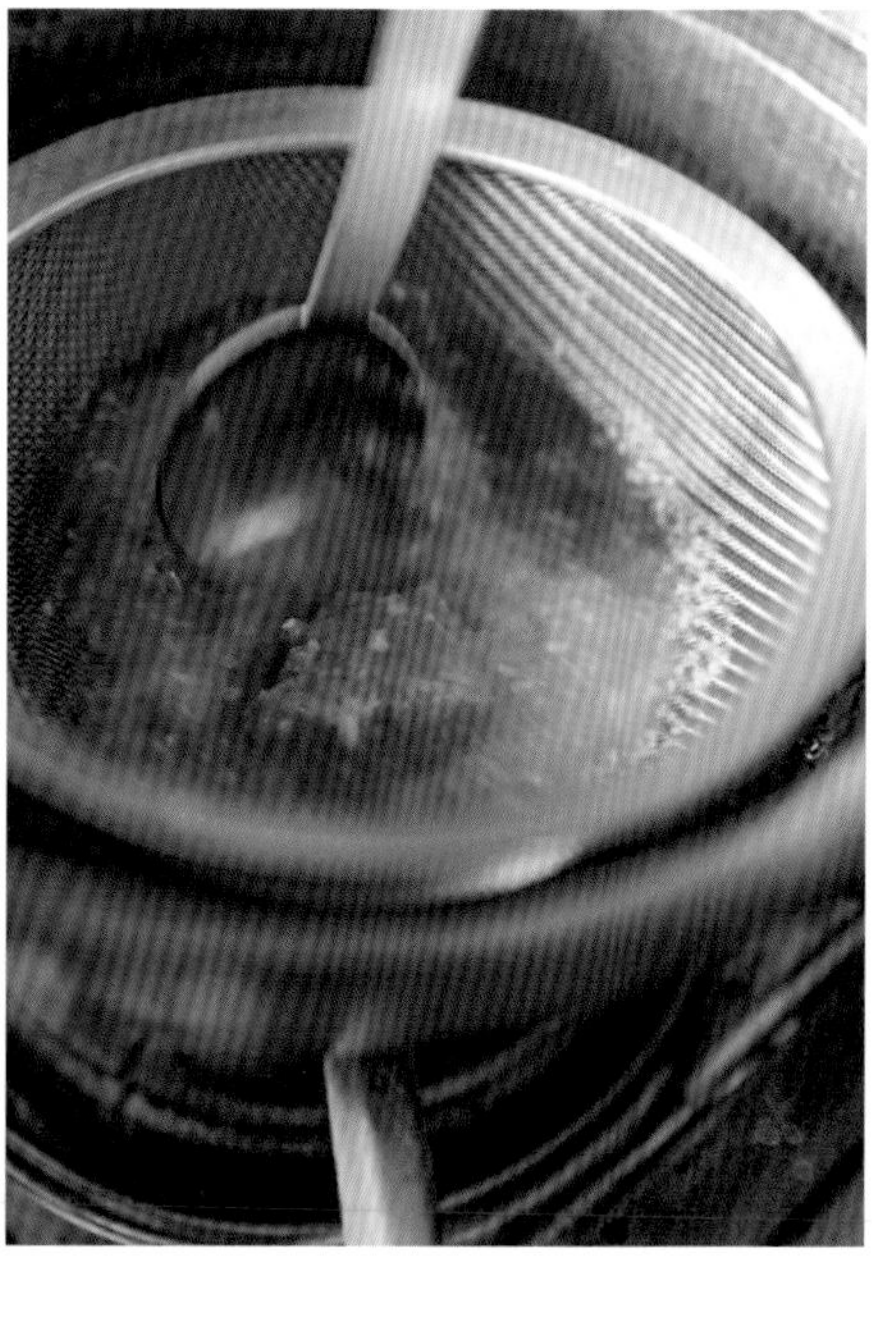

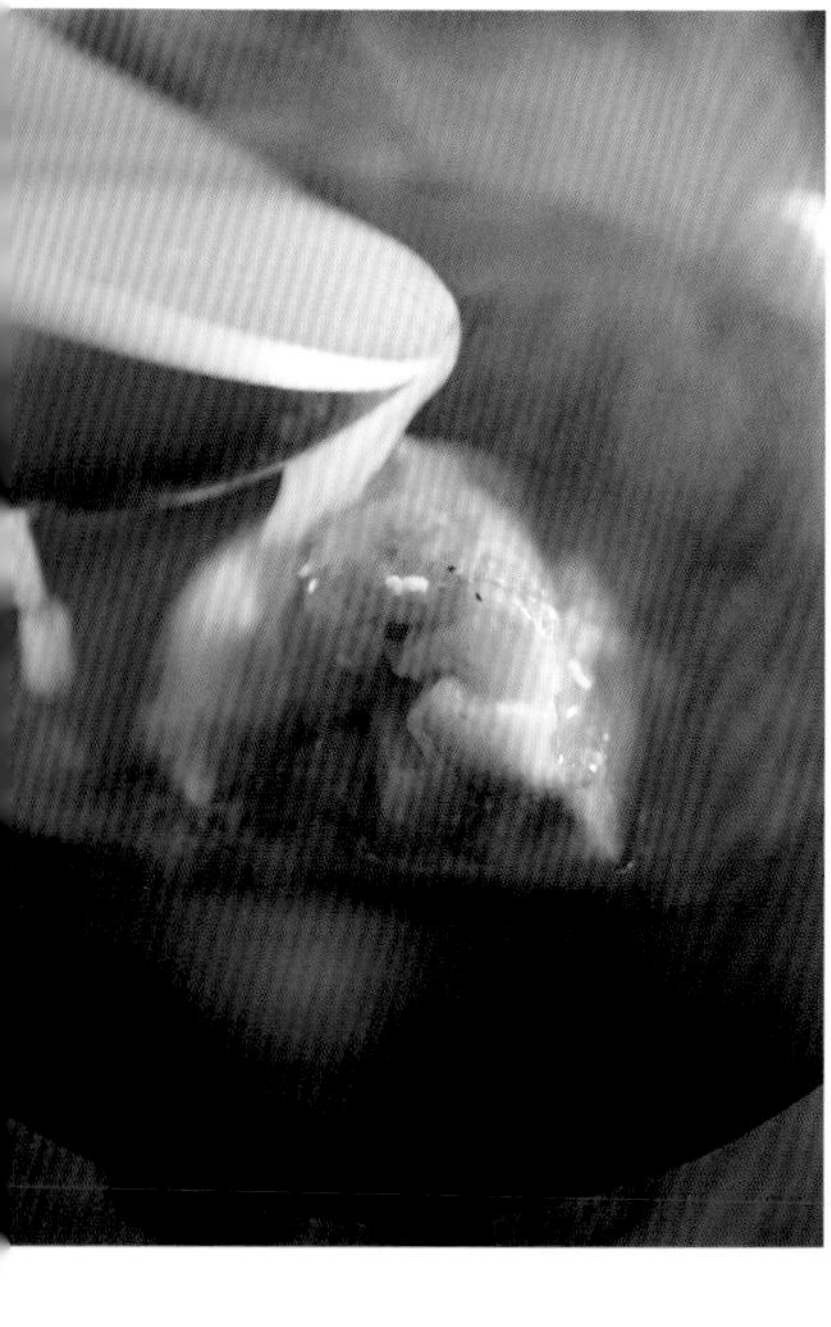

かぶの味噌汁

秋から冬にかけてのかぶは、火を通すと風味が出て甘くてやわらか。ここでは白味噌と組み合わせて、やさしい味わいの味噌汁にします。白味噌の味を邪魔しないよう、すっきりとしたかつおだしを使います。

［材料］4人分
かぶ　3個
かぶの葉　適量
だし汁　4カップ
白味噌　大さじ4

1　かぶは皮をむいて食べやすい大きさのくし形に切る。かぶの葉はさっとゆで、水気を絞って小口切りにする。
2　鍋にだし汁を入れて火にかけ、だし汁が温まったらかぶを入れ、かぶに火が通るまで煮る。
3　味噌を溶き入れて火を止める。
4　お椀に注ぎ入れ、かぶの葉をのせる。

絹さやの味噌汁

絹さやだけの味噌汁が好きです。おいしさのポイントは、シャキッとするまで冷水に放しておくこと。手でつかんだとき、絹さや同士がこすれてキュッキュッという音がするくらい。絹さやに火が通りすぎないうちに、手早く仕上げます。

［材料］4人分
絹さや　1パック
だし汁　4カップ
味噌　大さじ3

1　絹さやは筋を取り、氷水に放してシャキッとさせる。
2　鍋にだし汁を入れて火にかけ、だし汁が温まったら絹さやを入れ、絹さやにさっと火を通す。
3　味噌を丸ザルで漉しながら溶き入れて火を止める。

にらの味噌汁

細かく切ったにらは、単独で味噌汁の実にするのが最適。

煮るとあの独特の臭みが出て色も悪くなるので、火を止めてから入れるのがポイントです。

火が通った瞬間がおいしいので、すぐにお椀によそっていただきます。

［材料］4人分
にら　½束
だし汁　4カップ
味噌　大さじ3

1　にらはごく細かく切る。
2　鍋にだし汁を入れて火にかけ、だし汁が温まったら、味噌を丸ザルで濾しながら溶き入れ、火を止める。
3　にらを加える。

わさびの味噌汁

わさびのさわやかな辛さと香りを楽しむ、実のない味噌汁。
わさびはおろしたてに限ります。
お椀にわさびを入れておいて、味噌汁を注いでもいいですね。

[材料]4人分
わさび　適量
だし汁　4カップ
味噌　大さじ3

1　わさびは皮をむいてすりおろす。
2　鍋にだし汁を入れて火にかけ、だし汁が温まったら、味噌を丸ザルで濾しながら溶き入れて火を止める。
3　お椀に味噌汁を注ぎ入れ、お椀の縁にわさびをつける。わさびを溶かしながらいただく。

大根と油揚げの味噌汁

味噌汁にする大根はいろいろな切り方がありますが、わたしはやわらかい口当たりのほうが好きなので、細切りにします。油揚げも細切りにし、口当たりをそろえます。

［材料］4人分
大根　15cm
油揚げ　1枚
だし汁　4カップ
味噌　大さじ3

1　大根は皮をむいてごく薄い輪切りにしてから、せん切りにする。

2　油揚げは三方の端を切り落として1枚に開く。半分に切って重ね、縦半分に切って大根と同じくらいの細さに切る。切り落とした部分も細く切る。

3　鍋にだし汁を入れて火にかけ、だし汁が温まったら大根と油揚げを入れ、大根に火が通るまで煮る。

4　味噌を丸ザルで濾しながら溶き入れて火を止める。

じゃがいも、玉ねぎ、キャベツ、油揚げの味噌汁

じゃがいもがごろっと入った具だくさんの味噌汁。全体のバランスを考え、玉ねぎやキャベツも少し大きめに切り、油揚げも幅広に切ります。火が通りにくいじゃがいもを先に煮て、そのあとで玉ねぎ、キャベツ、油揚げを加えて仕上げます。

[材料]4人分
じゃがいも　2個
玉ねぎ　½個
キャベツ　大2枚
油揚げ　1枚
だし汁　4～5カップ
味噌　大さじ3～4

1　じゃがいもは皮をむいて1cm厚さのいちょう切りにする。玉ねぎは半分に切って2cm幅に切り、キャベツも同じくらいの大きさに切る。油揚げは縦半分に切ってから1cm幅に切る。

2　鍋にだし汁とじゃがいもを入れて火にかけ、じゃがいもがやわらかくなってきたら玉ねぎ、キャベツ、油揚げを入れ、野菜に火が通るまで煮る。

3　味噌を丸ザルで濾しながら溶き入れて火を止める。

わかめ、青ねぎ、油揚げの味噌汁

味噌汁の実はバランスが大事。実をわかめにするときは油揚げはあられ切りにし、彩りと香りづけに青ねぎを。これで口当たりがぐんとよくなります。わかめは煮すぎるとおいしくないので、最後に入れるのがポイント。

［材料］4人分
わかめ（戻したもの＊）　$\frac{2}{3}$カップ
青ねぎ（細ねぎ、あさつきなど）　適量
油揚げ　1枚
だし汁　4～4$\frac{1}{2}$カップ
味噌　大さじ3～3$\frac{1}{2}$

＊乾燥わかめの戻し方……たっぷりの水に浸し、やわらかくなるまでしばらくおき、ザルに上げて水気をきる。乾燥10gが、戻すと約140gになる。

1　わかめは一口大に切る。青ねぎは小口切りにする。

2　油揚げは三方の端を切り落として1枚に開く。半分に切って重ね、あられ切り（5㎜四方）にする。切り落とした部分も細かく切る。

3　鍋にだし汁を入れて火にかけ、だし汁が温まったら油揚げを入れて少し煮る。

4　味噌を丸ザルで濾しながら溶き入れ、わかめを入れて火を止め、青ねぎを加える。

とんかつとキャベツのせん切り、ご飯と組み合わせて献立に。

豆腐の味噌汁

豆腐の味噌汁というとさいの目切りの豆腐を想像しますが、これは豆腐をいただくための一品。おいしい豆腐を買い求めます。

【材料】4人分

豆腐（絹ごし） 1丁
青ねぎ（細ねぎ、あさつきなど） 適量
だし汁 4カップ
味噌 大さじ3

1 豆腐は4等分に切る。鍋に湯を沸かし、豆腐を入れて温める。

2 青ねぎは小口切りにする。別の鍋にだし汁を入れて火にかけ、だし汁が温まったら、味噌を丸ザルで濾しながら溶き入れて火を止める。

3 お椀に湯をきった豆腐を入れ、2の味噌汁を注ぎ入れ、青ねぎをのせる。

しじみの味噌汁

しじみからしっかりだしをとりたいので、水から入れてゆっくりと煮ます。
うまみたっぷりの汁には、赤味噌がよく合います。

［材料］4人分

しじみ　350〜400g

水　4カップ

赤味噌　大さじ3

1　しじみは洗う。

2　鍋にしじみと水を入れて火にかけ、しじみの殻が開くまで弱火でゆっくりと煮る。アクが出たら取り除く。

3　味噌を溶き入れて火を止める。

あさりの味噌汁

しじみと同様、貝を実にするときはだし汁いらず。あさりのうまみや香りを楽しみたいので、シンプルに。仕上げに青ねぎの小口切りを入れてもいいですね。

1 鍋にあさりと水を入れて火にかけ、あさりの殻が開くまで弱火でゆっくりと煮る。アクが出たら取り除く。

2 味噌を丸ザルで濾しながら溶き入れて火を止める。

［材料］4人分

あさり（砂抜きしたもの＊）
350〜400g

水　4カップ

味噌　大さじ3

＊あさりの砂抜き……あさりがなるべく重ならないようにバットに並べ、あさりの高さの半分よりやや上まで塩水（塩分約3.5％）を入れてふたをし、冷蔵庫に入れてひと晩おく。殻をこすり合わせてよく洗い、水気をきる。

枝豆おむすび、卵焼き、トマトと組み合わせて献立に。

●枝豆おむすび

ゆでた枝豆をさやから出して薄皮を除き、
炊きたてのご飯に混ぜ、手に塩をつけて俵形に握る。

●卵焼き

卵に塩、酒、メープルシロップを少量ずつ加えて混ぜ、
油をなじませたフライパンで焼く。

豚汁

豚肉と根菜のうまみが溶け合った味噌汁は、ほっとなごむ素朴な味わい。
だし汁を使ってもいいですが、水だけで十分。
味噌汁は煮込むなと言われますが、豚汁だけは例外。
温め直しても、おいしくいただけます。

[材料] 作りやすい分量

豚バラ薄切り肉　150g
ごぼう（細めのもの）　1本
大根　5cm
里いも　小3〜4個
にんじん　1/2本
長ねぎ　1/2本
太白ごま油　適量
水　4〜5カップ
味噌　大さじ4〜4 1/2
七味唐辛子　適量

1　豚肉は食べやすい大きさに切る。ごぼうは皮を洗い、5㎜厚さの輪切りにして酢水にさらし、水気をきる。大根は皮をむいて7〜8㎜厚さのいちょう切りにし、里いもは皮をむいて大根と同じくらいの厚さの輪切りまたは半月切りにする。にんじんは皮をむいて5㎜厚さの半月切りにする。長ねぎは小口切りにする。

2　鍋に太白ごま油を熱して豚肉をほぐすようにしてよく炒め、ごぼう、大根、里いも、にんじんを加えて炒め合わせる。

3　水を注ぎ入れ、煮立ったらアクを取り、弱火にして野菜がやわらかくなるまで煮る。

4　味噌を丸ザルで濾しながら溶き入れて火を止める。

5　お椀に盛り、長ねぎを散らし、七味唐辛子をふる。

味噌漬け

野菜の味噌漬け

味噌さえあれば一年中作れるのが、野菜の味噌漬け。冷蔵庫にある野菜を味噌床に入れておけば、好きなときに取り出して食卓へ。切ってから漬けると半日ほどで食べられ、少量でも作れるのが魅力です。ここでは、きゅうり、大根、みょうが。お好みの野菜でどうぞ。野菜を漬けたあとの味噌床には、肉や魚を漬けても。

[材料]作りやすい分量
きゅうり　1本
大根　5〜6cm
みょうが　1個
味噌　適量

1　きゅうりは5〜6cm長さに切り、縦半分に切る。大根はきゅうりと同じくらいの太さに切り、みょうがは縦半分に切る。

2　1をボウルに入れ、塩少々(材料外)をふって軽くもみ、少しおいて出てきた水分を拭く。きゅうりは種の部分をスプーンなどでそぎ取って水分を拭く。

3　保存容器に味噌の半量を入れてならし、ガーゼ(またはネット)をのせて平らにする。きゅうりとみょうがは切った面を下にして並べ入れ、大根も並べ入れる。ガーゼをかぶせ、残りの味噌をのせて表面をならす。

4　ふたをし、冷蔵庫に入れて半日以上漬ける。

5　味噌床から取り出し、きゅうりと大根は食べやすい長さに切って器に盛る。

ごぼうの味噌漬け

どんな野菜でも味噌漬けにできますが、わたしがよく漬けるのはごぼう。ゆでたりせずに生のまま味噌床に入れ、ひと晩おくだけです。味噌はいつもの味噌と赤味噌のダブル使い。ごぼうの味とうまみが味噌の強さに負けず、クセになるおいしさです。酒の肴やご飯のお供としてだけでなく、のり巻きにしてもいただきます。

[材料]作りやすい分量
ごぼうまたは新ごぼう　1本
味噌　適量
赤味噌　適量

1　ごぼうはたわしでよく洗って水気を拭く。保存容器に入る長さに切り、細い部分は縦半分に切り、太い部分は4〜6つ割りにする。

2　保存容器に味噌を入れてならし、ガーゼ(またはネット)をのせて平らにし、ごぼうの半量を並べ入れ、ガーゼをかぶせる。

3　赤味噌をのせてならし、ガーゼ(またはネット)をのせて平らにし、残りのごぼうを並べ入れ、ガーゼをかぶせ、味噌をのせてならす。

4　ふたをし、冷蔵庫に入れてひと晩漬ける。

ごぼうの味噌漬けで細巻き

[材料]5本分
ごぼうの味噌漬け　適量
すし飯＊　400g
焼きのり(全形を半分に切ったもの)　2½枚

＊すし飯(作りやすい分量)……米3カップを炊き、酢80㎖、メープルシロップ大さじ1½、塩小さじ⅔を混ぜた合わせ酢を回しかけて切るようにして混ぜる。

1　すし飯は80gずつに分ける。

2　巻きすの上に焼きのりを横にして置き、すし飯を向こう1cmほど空けて広げる。ごぼうの味噌漬けをのりのサイズに合わせてのせ、巻きすを使って手前からいっきに巻き込む。

3　これを5本作り、食べやすい長さに切る。

にんにくの味噌漬け

にんにくでも新にんにくでもOK。漬けて2日ほどしたら使え、1週間ほどすると味がしっかりとしみ込みます。ここでは豚肉を香ばしく焼き、にんにく、味噌と一緒にいただきます。

[材料] 作りやすい分量
にんにく　2個
味噌　適量

1　にんにくは1片ずつに分け、皮をむく。ボウルに入れ、味噌を加えて混ぜる。
2　保存瓶に入れ、味噌が足りなければ足してにんにく全体を覆う。ふたをし、冷蔵庫で2日以上漬ける。

にんにくの味噌漬けで
豚肉のフライパン焼きとにんにく味噌

[材料] 作りやすい分量
にんにくの味噌漬け　6～7片分
豚肩ロース肉（2cm厚さ）　2枚
太白ごま油　適量

1　にんにくの味噌漬けは、味噌がついたまま半分に切る。
2　豚肉は肉たたきなどでたたいて薄くのばす。たたくと焼いてもやわらかい。
3　フライパンに太白ごま油を熱して豚肉を並べ入れ、両面をこんがりと焼いて中まで火を通す。
4　器に豚肉を盛り、にんにくの味噌漬けをのせる。

新しょうがの味噌漬け

新しょうがはそのまま味噌をつけて食べてもおいしいですが、味噌漬けにするとおいしさが長持ちし、しょうがならではのフレッシュな風味とシャキッとした食感が楽しめます。

[材料] 作りやすい分量

新しょうが　適量
味噌　適量

1　新しょうがは皮をこそげ落とし、大きいものは半分に切る。

2　鍋に湯を沸かし、新しょうがを入れて15秒ほどしたら取り出し、ペーパータオルで水気を拭く。

3　ラップを適当な大きさに切って味噌をのせ、しょうがを1個ずつ埋め込むようにしてのせ、包む。保存容器に入れ、冷蔵庫に入れて1日以上漬ける。

4　ラップをはずして味噌をぬぐい取り、繊維に沿って薄切りにする。

卵黄の味噌漬け

漬けて半日ほどでかたまり始め、
ひと晩おくと透明感が出て鮮やかな色合いに。
このまま酒の肴にするのはもちろん、ご飯にのせても美味。
使う味噌の種類で味が変わるのが楽しい。

［材料］4個分
卵黄　4個分
味噌　適量
黒炒りごま　少々

1　保存容器に味噌を入れてならし、ガーゼ（またはネット）をのせ、卵黄が収まるくらいのくぼみを4つ作り、卵黄をそっと入れる。
2　ふたをし、冷蔵庫に入れてひと晩漬ける。
3　1つずつ器に盛り、ごまをふる。

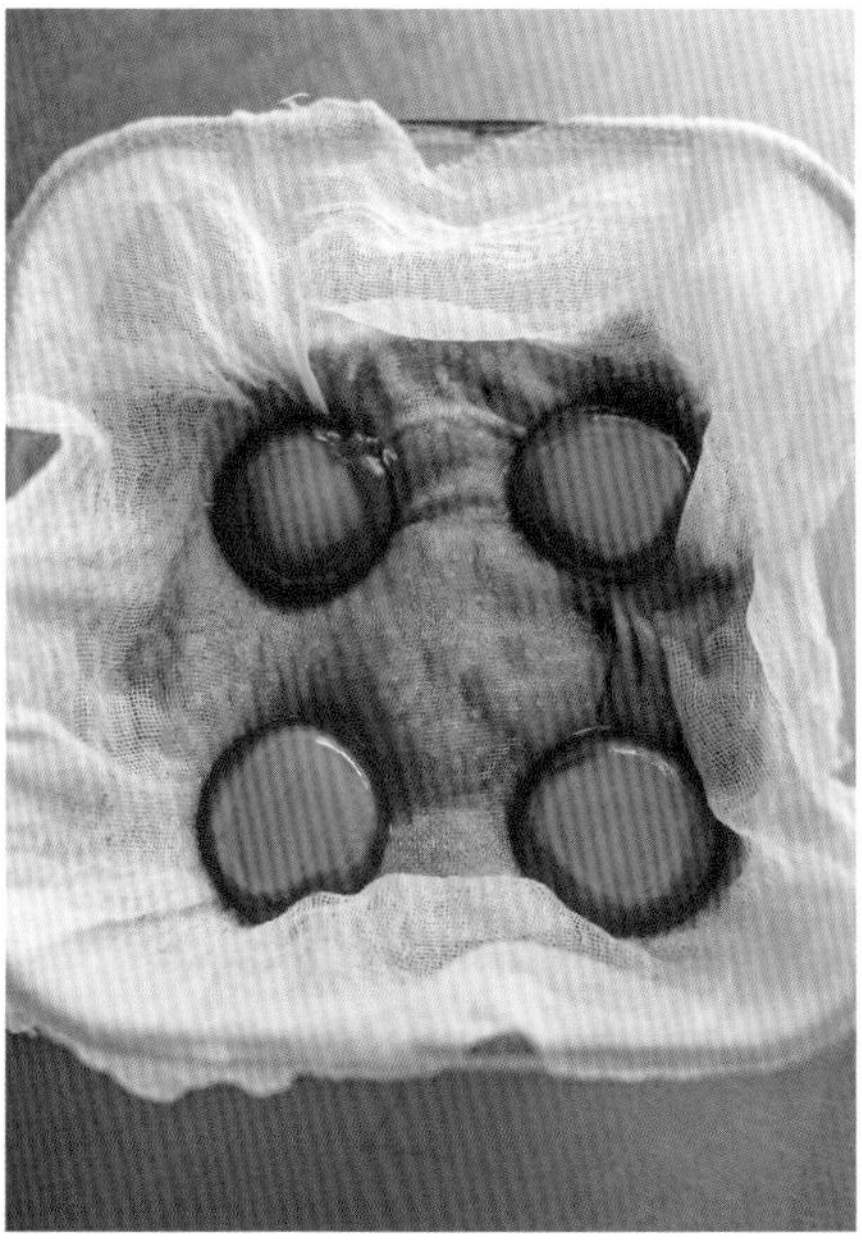

牛肉のメープル味噌漬け

メープルシロップを混ぜた味噌床はコクがあるのにすっきりとした甘さで、肉のおいしさを引き立ててくれるのが魅力。ここでは牛肉を漬けましたが、豚肉、鶏肉、ラム肉など、肉の種類を変えて数回楽しめます。

［材料］作りやすい分量
牛肉（ステーキ用）　大1枚
メープル味噌床
─味噌　2カップ
─メープルシロップ　1/3〜1/2カップ
みょうがのせん切り　適量

1　メープル味噌床の材料を混ぜ合わせる。
2　牛肉は半分に切ってそれぞれネットに入れる（またはガーゼで包む）。
3　保存容器にメープル味噌床の半量を入れてならし、2の牛肉を並べ入れ、残りのメープル味噌床をのせて表面をならす。
4　ふたをし、冷蔵庫に入れて2〜3日漬ける。
5　メープル味噌床からネットを出して牛肉を取り出し、おいしそうな焼き色がつくまでグリルで焼く。
6　食べやすい大きさに切り分けて器に盛り、みょうがのせん切りを添える。

つけ味噌、あえ味噌

にんにく焼きと味噌

直火で焼いたにんにくは、うまみと甘みがじわじわ出てきて香ばしく焼けるころにはホクホク。塩で食べてもおいしいですが、味噌をつけると塩気とコクがプラスされて、おいしさが倍増します。

［材料］作りやすい分量

新にんにく　1〜2個

味噌　適量

1　新にんにくは1片ずつに分け、皮をむく。大きいものは半分に切ってもよい。

2　焼き網を熱して新にんにくをのせる。中まで火が通り、焼き色がしっかりつくまで火加減をしながら焼く。

3　器に盛り、味噌を添える。

葉しょうがとみょうが、七味味噌

スティック野菜と味噌の組み合わせは定番ですが、ここでは葉しょうがとみょうがを、味噌＋七味唐辛子でいただきます。簡単すぎますが、「まずは駆けつけ一杯、ビールのお供」に最適です。

［材料］2人分
葉しょうが　2本
みょうが　2個
味噌　適量
七味唐辛子　適量

1　葉しょうがは1本ずつにし、葉の部分を切り落とし、食べやすい長さの斜め切りにする。みょうがは縦半分に切る。

2　器に**1**を盛り合わせ、味噌を添えて七味唐辛子をふる。

焼き野菜と味噌、玄米ご飯

↓作り方40ページ

お弁当仕立て

かご盛り

焼き野菜と味噌、玄米ご飯

以前、自然食カフェでいただいた味が忘れられず、
自分なりに玄米ご飯ベースで作ってみました。
使う野菜は、味や食感、色や形の違うものを10種類以上。
野菜と玄米ご飯だけなのに、力強くて豪華。
お弁当にすると、シンプルでありながら彩り華やかになり、
かご盛りにすると、野趣あふれる逸品になります。
どちらも、焼き野菜と味噌のおいしさを玄米ご飯とともにいただきます。
好みで七味唐辛子をふっても。

[材料]作りやすい分量
かぼちゃ、さつまいも、かぶ、れんこん、にんじん、とうもろこし、そら豆、グリーンアスパラガス、甘長唐辛子、オクラ、ししとう、しいたけ、カリフラワー　各適量
味噌　適量
玄米ご飯*　適量

*玄米ご飯(玄米2カップ分)……玄米は洗ってザルに上げ、カムカム鍋(玄米を炊くための陶器の内釜で、圧力鍋に入れて使う)に水2カップとともに入れてふたをする。圧力鍋に入れ、カムカム鍋の高さの半分まで水を入れ、圧力鍋のふたをする。強火にかけ、シューッといったら火を弱めて55分炊く。火を止めてすぐに圧力を下げ、ふたを取ってほぐす。

1　かぼちゃ、さつまいも、かぶ、れんこん、にんじん、とうもろこしなど火の通りが遅いものは食べやすい大きさに切り、蒸し器で蒸す。

2　そら豆はさやから出し、アスパラガスは食べやすい長さに切る。甘長唐辛子、オクラ、ししとうはそのまま、しいたけは大きければ縦半分に切り、カリフラワーは小房に分ける。

3　焼き網を熱し、**1**と**2**の野菜をのせ、焼き色がつくまで焼く。蒸してあるものは焼き色をつけるだけでよく、生のものは火が通るまでしっかりと焼く。

お弁当仕立て（上）

お弁当箱に玄米ご飯を入れてならし、味噌を全体にぬり、3の焼き野菜を彩りよくのせる。

かご盛り（下）

大きめのかごに葉蘭を敷き、玄米ご飯を盛り、味噌をところどころに適量ずつ置く。かぼちゃ、さつまいも、かぶ、れんこん、にんじん、とうもろこし、しいたけ、カリフラワーを彩りよく盛り、そら豆、アスパラガス、甘長唐辛子、オクラ、ししとうといった緑色の野菜をバランスよくのせる。

味噌焼きおむすび2種

味噌＋にんにく、味噌＋メープルシロップ、
ふたつの味の焼きおむすび。
どちらも鼻をくすぐる香ばしさで、思わず手がのびます。
使う味噌の種類は好みでＯＫ。それぞれのおいしさが楽しめます。

[材料]作りやすい分量
ご飯　茶碗4杯分
にんにく味噌
―味噌　大さじ1
―にんにくのすりおろし　1/2片分
メープル味噌
―味噌　大さじ1
―メープルシロップ　小さじ1

1　にんにく味噌、メープル味噌の材料は、それぞれ混ぜ合わせる。

2　ご飯を4等分にし、そのうち2つは三角に握り、残り2つは丸く握る。しっかりと力を入れて握る。

3　焼き網を熱し、**2**をのせて両面を焼く。焼けないうちに動かすとくずれるので、よく焼いてから返すようにする。

4　三角むすびにはにんにく味噌をぬり、丸むすびにはメープル味噌をぬり、オーブントースターまたはオーブンに移して焦げ目がつくまで焼く。

きゅうりのおかか味噌

味噌に削り節を混ぜると、それだけでうまみと香りが重なって複雑な味になり、おいしくなります。
きゅうりにのせて器に盛れば、
ちょっとした酒の肴になります。

[材料]作りやすい分量
きゅうり　2本
おかか味噌
─味噌　適量
─削り節　適量
削り節　適量

1　きゅうりはピーラーで皮をまだらにむき、縦半分に切り、長さを二等分する。端を切り落とし、種の部分をスプーンでこそげ取る。

2　おかか味噌を作る。ボウルに味噌と削り節を入れ、ゴムべらで混ぜる。

3　きゅうりの種を取った部分におかか味噌を入れ、器に並べ、さらに削り節をかける。

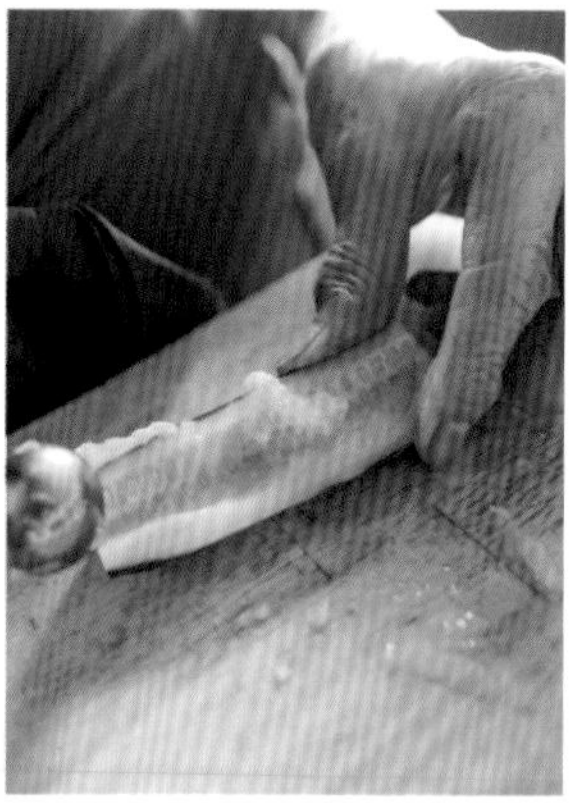

春の辛子酢味噌がけ

たこ、うど、わけぎを取り合わせた、和のひと皿。
酢味噌はすり鉢でよくすり、なめらかに仕上げます。
たこのほか、いか、ほたるいか、帆立貝柱を使っても。

[材料]作りやすい分量
たこの足(ゆでたもの)　1本
うど　1本
わけぎ　4本
酢味噌
- 味噌　大さじ2
- 練り辛子　小さじ1
- メープルシロップ　大さじ$\frac{1}{2}$
- 米酢　大さじ1

1 たこは薄いそぎ切りにする。
2 うどは4～5cm長さに切って厚めに皮をむき、縦薄切りにする。片栗粉少々(材料外)を溶かした水につけてアクを抜き、水気をきる。わけぎはさっとゆで、ぬめりをしごき出して4～5cm長さに切る。
3 酢味噌を作る。すり鉢に味噌、練り辛子、メープルシロップを入れてすりこ木ですり、米酢を加えてなめらかにする。
4 器にたこ、うど、わけぎを盛り合わせ、酢味噌をかける。

里いものごま味噌あえ

ねっとりとした口当たり、ほっくりとした食べ心地。
白い里いもを真っ黒なごま味噌であえた、我が家の十八番です。
甘みは、すっきりとした甘さのメープルシロップを使いますが、
煮切りみりんや三温糖でも。白ごまでも同様に作れます。

[材料]作りやすい分量
里いも　小6〜7個
ごま味噌
　黒炒りごま　30g
　味噌　大さじ1½〜2
　メープルシロップ　大さじ2

1　里いもは洗ってザルにのせて乾かす。皮ごと蒸し、竹串を刺してすっと通るようになったら取り出し、皮をむいて食べやすい大きさに切る。

2　ごま味噌を作る。すり鉢にごまを入れてすりこ木でよくすり、味噌を加えてすり混ぜ、メープルシロップを加えてさらにすり混ぜる。

3　2に里いもを加え、ごま味噌をからめるようにしてあえる。

丸なすの田楽味噌

赤味噌とみりん、メープルシロップで作るコクのある田楽味噌と、香ばしくジューシーな揚げなすの取り合わせ。
田楽味噌の甘さは、メープルシロップの量で加減してください。

[材料] 2人分

丸なす　1個

田楽味噌

- 赤味噌　大さじ3強
- みりん　大さじ3
- メープルシロップ　適量

揚げ油(太白ごま油)　適量

白炒りごま　適量

1　田楽味噌を作る。鍋に味噌とみりんを入れて弱めの中火にかけ、ゴムべらで溶きながらとろりとするまで練る。味をみて、メープルシロップを加えて好みの甘さに調える。

2　丸なすはヘタを取って縦半分に切り、食べやすいように皮の内側にぐるりと一周包丁で切り込みを入れ、さらに斜め格子状の切り込みを入れる。

3　揚げ油を中温に熱して**2**のなすを入れ、ときどき返しながら、おいしそうな揚げ色がつくまで揚げる。竹串や箸を刺してすっと通るくらいになったら取り出し、油をきる。

4　器に揚げなすを盛り、田楽味噌をのせ、ごまをふる。

こんにゃくとゆず味噌

48ページの田楽味噌にゆずの皮のすりおろしを加えて
香りのよいゆず味噌を作り、ゆでたこんにゃくにかけていただきます。
ゆずは青ゆずでも黄ゆずでも。
ふろふき大根やゆで里いもにもよく合います。

［材料］作りやすい分量
こんにゃく　½枚
ゆず味噌
—田楽味噌（48ページ参照）　適量
—ゆずの皮　適量
ゆずの皮　適量

1　こんにゃくはゆでて水気を拭く。包丁をゆっくりと左右に動かしながら、断面が波打つような形状になるよう5㎜厚さに切る（波切り）。これで箸で持ちやすくなり、ゆず味噌もからみやすくなる。

2　田楽味噌にゆずの皮のすりおろしを加えて混ぜる。量は好みで加減する。

3　器にこんにゃくを盛り、ゆず味噌をかけ、さらにゆずの皮のすりおろしを散らす。

じゃが味噌バター

味噌とバターをざっと混ぜ合わせ、
蒸したてホクホクのじゃがいもにたっぷりつけていただきます。
定番のバターに味噌の風味と塩分を足すことで、うまみが倍増。
バターはちょっとかたまりがあるくらいが最高です。さつまいもで作っても。

[材料] 作りやすい分量
じゃがいも　4〜5個
味噌バター
─味噌　適量
─バター　味噌と同量

1 味噌バターを作る。バターをさいの目切りにしてボウルに入れ、室温において少しやわらかくし、味噌を加えてざっと混ぜ合わせる。

2 じゃがいもは洗って皮ごと蒸し、竹串を刺してすっと通るようになったら取り出し、熱いうちに皮をむいてフォークなどでざっくりと割る。

3 器にじゃがいもを盛り、味噌バターをのせる。

豚肉と夏野菜の味噌ドレッシング

七味唐辛子を効かせた味噌ドレッシングが食欲をそそる、冷しゃぶサラダ。塩もみしたきゅうりとなす、ごく細く切った夏の薬味と一緒にいただくのが我が家流です。豚肉はロースと肩ロースを用意して、それぞれのおいしさを味わいます。

[材料] 作りやすい分量
豚薄切り肉(しゃぶしゃぶ用)　200g
きゅうり　2本
なす　2本
みょうが　3〜4個
青じそ　15〜20枚
味噌ドレッシング
- 味噌　大さじ3
- 米酢　大さじ3〜4
- ごま油　大さじ1½
- 七味唐辛子　小さじ1強

1　味噌ドレッシングを作る。ボウルに味噌、米酢、ごま油、七味唐辛子を入れてよく混ぜ合わせる。

2　きゅうりは薄い輪切りにし、なすはヘタを取って薄い輪切りにする。それぞれ、濃いめの塩水(水1カップに対して塩大さじ1)につけてアクを抜き、しんなりさせる。

3　みょうがは薄切りにし、青じそはせん切りにし、それぞれ氷水に放す。

4　きゅうりとなすはさらしなどに包んで水気をギュッと絞り、みょうが、青じそは水気を拭く。

5　豚肉は1枚ずつさっと熱湯にくぐらせてから氷水にくぐらせ、ザルに上げて冷ます。

6　器に豚肉を盛り、きゅうり、なす、みょうが、青じそを彩りよく盛りつけ、味噌ドレッシングを添える。各自の器に取り分け、味噌ドレッシングをかける。

くるみ味噌のからみ餅

毎年11〜12月、殻に入ったままの信濃くるみを買います。くるみ割り器で1個ずつ殻から取り出したくるみはすこぶるおいしく、味噌、メープルシロップと合わせてくるみ味噌にもします。ここでは、ゆでたての餅にからめて、組み合わせの妙を楽しみます。

[材料] 作りやすい分量

くるみ味噌
- 味噌　大さじ2
- くるみ（殻から出したもの）　2/3カップ
- メープルシロップ　大さじ1〜2

切り餅　6個

1　くるみはすり鉢に入れてすりこ木でよくすり、味噌とメープルシロップを加えてねっとりするくらいまでする。

2　餅は熱湯に入れて静かにゆでる。

3　餅がやわらかくなったら1個ずつトングで引き上げ、順次1のすり鉢に入れてくるみ味噌をからめる。

ふきのとう味噌

春にしか味わえないふきのとうは、ふきのとう味噌にして楽しみます。
昔はゆでてから作っていましたが、
今のものはアクが強くないので、ゆでずに炒めます。

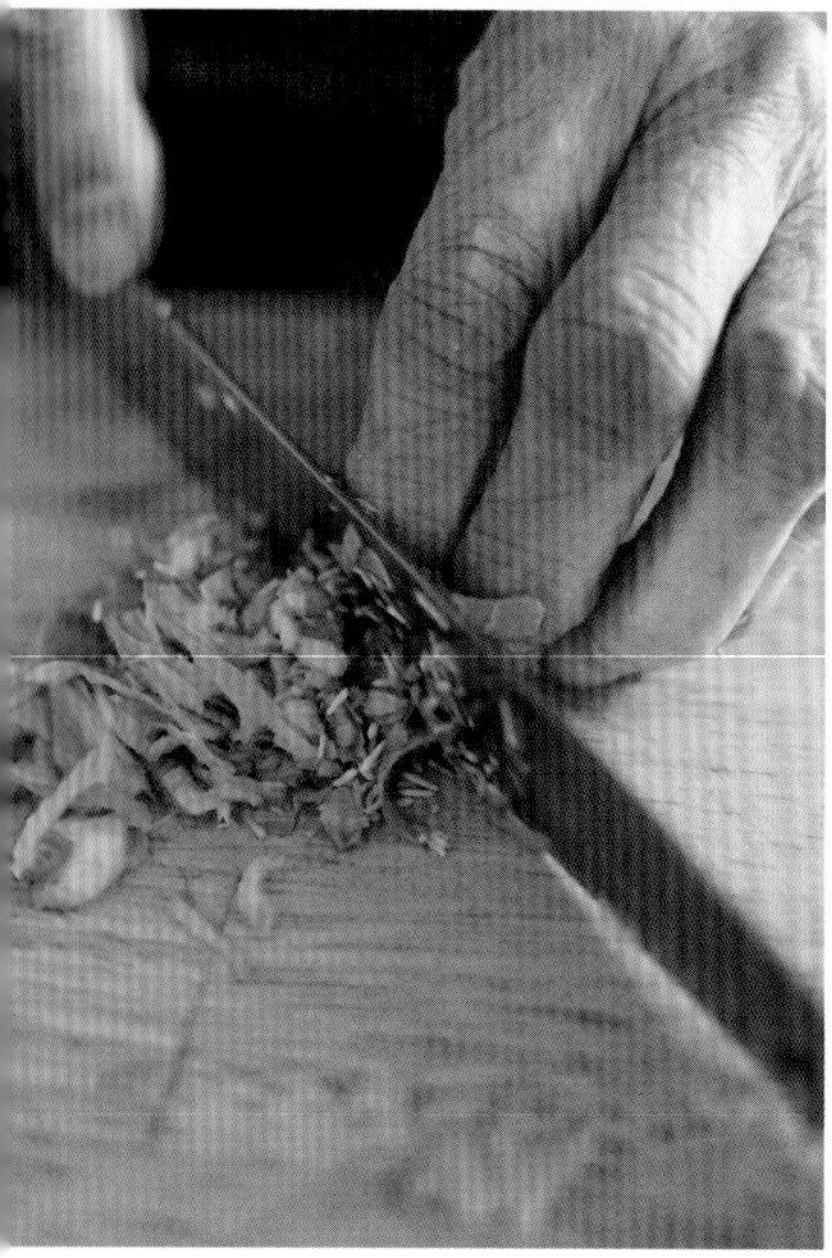

[材料]作りやすい分量
ふきのとう　200g
太白ごま油　大さじ2〜3
味噌　大さじ4
酒　大さじ2

1　ふきのとうは根の部分を切り、細かく刻む。
2　鍋に太白ごま油を熱して**1**を入れ、油をなじませながら炒める。
3　味噌と酒を加え、ぽってりとするまで弱火でじっくりと炒め、すぐにバットにあける。
4　粗熱が取れたら保存容器などに移す。

そのまま酒の肴に。

ひと口おむすびに。
おむすびは
塩をつけないで握り、
ふきのとう味噌をのせる。

味噌味のおかず

なすとピーマンの味噌炒め

油で炒めると色鮮やかになる夏野菜、なす、ピーマン、みょうがを使った味噌炒めです。調味料は味噌と酒を少し、それだけで味がよくからみます。仕上げに青じそを加えてひと混ぜしたら完成です。

[材料]作りやすい分量

なす　3本
ピーマン　3〜4個
みょうが　3個
太白ごま油　適量
味噌　大さじ2〜2½
酒　少々
青じそ　2束(20〜30枚)

1　ピーマンはヘタと種の部分を避けて縦に包丁を入れて4〜6つ割りにする。みょうがは縦半分に切る。

2　なすは切るとすぐに変色するので、炒める直前にヘタを取って縦半分に切り、食べやすい大きさの斜め切りにする。

3　鍋に太白ごま油を熱し、なす、ピーマン、みょうがを入れて炒め、全体に油が回ったら味噌を加え、からめるようにしながら炒め、酒を加えてさらに炒める。

4　青じそを半分にちぎって加え、ざっと混ぜて火を止める。

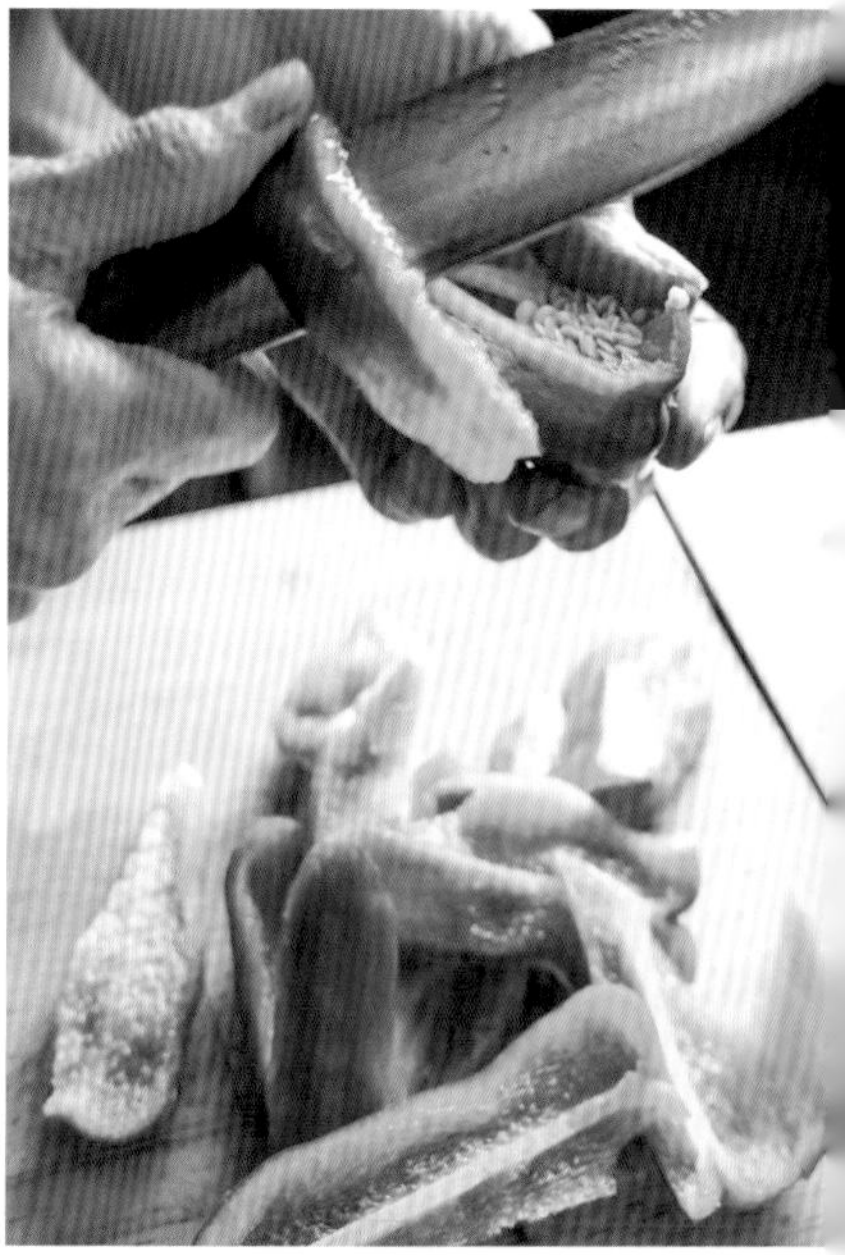

キャベツと豚肉の味噌炒め

キャベツは冷水に放してパリッとさせ、水気がついている状態で炒めると、キャベツの甘さが出て油もほどよくからみ、上手に炒めることができます。豚肉はフライパンに広げて入れ、脂が出るまでカリカリに焼き、豆板醤と味噌をしっかりからめるのがおいしさのポイントです。

[材料]作りやすい分量
キャベツ　½個
豚バラ薄切り肉　200g
にんにく　2片
太白ごま油　適量
豆板醤《トウバンジャン》　大さじ1
味噌　大さじ2

1　キャベツは大きめのざく切りにし、冷水に放してパリッとさせる。豚肉は食べやすい大きさに切り、にんにくは薄切りにする。

2　炒め鍋に太白ごま油を熱し、キャベツをザルに上げてざっと水気をきって加え、底から大きく混ぜながら炒める。キャベツに火が通って色が鮮やかになったら、いったんザルにあけて汁気をきる。

3　**2**の炒め鍋に豚肉を広げて入れ、脂が出てきたらにんにくを加え、豚肉がカリカリになるまで炒める。

4　豆板醤を加えて豚肉にからめ、味噌を加えて炒め合わせる。

5　**2**のキャベツを戻し入れ、大きく混ぜながら全体に味をなじませる。

とうもろこしの味噌焼き

しょうゆをぬっておいしいなら、味噌もおいしいはず。
そう思ってシンプルに網焼きに。
直火で焼くと、とうもろこしも味噌も香ばしくなり、
焼いているそばから食欲をそそります。

[材料]1本分
とうもろこし　1本
味噌　適量

1　とうもろこしは皮をむいてヒゲを取る。塩少々(材料外)を加えた熱湯で9割がた火が通るまでゆで、ザルに上げてゆで汁をきる。余熱で完全に火が通る。

2　焼き網をカンカンに熱し、とうもろこしをのせて焼きはじめる。焼き色がついてきたら焼き網からおろし、味噌をゴムべらでぬり、焼き網に戻してさらに焼く。

3　味噌をぬりながら焼く作業を数回繰り返し、香ばしく焼き上げる。

ゴーヤの味噌焼き

苦みのあるゴーヤは味噌との相性が抜群。
種とワタを取った部分に味噌をぬりつけて焼くと
ウリ科特有の青臭さが和らいで、味わい深くなります。
味噌汁に使ういつもの味噌、赤味噌、ふたつの味を楽しみます。

［材料］1本分
ゴーヤ　1本
味噌、赤味噌　各適量

1　ゴーヤは長さを半分に切り、縦半分に切ってスプーンで種とワタを取り除く。
2　取り除いた部分に、味噌、赤味噌をそれぞれぬりつける。
3　焼き網をカンカンに熱し、味噌をぬった面を下にして焼き、焦げ目がついたらひっくり返して両面を焼く。ときどき返しながら香ばしく焼き上げる。
4　食べやすい大きさに切り分ける。

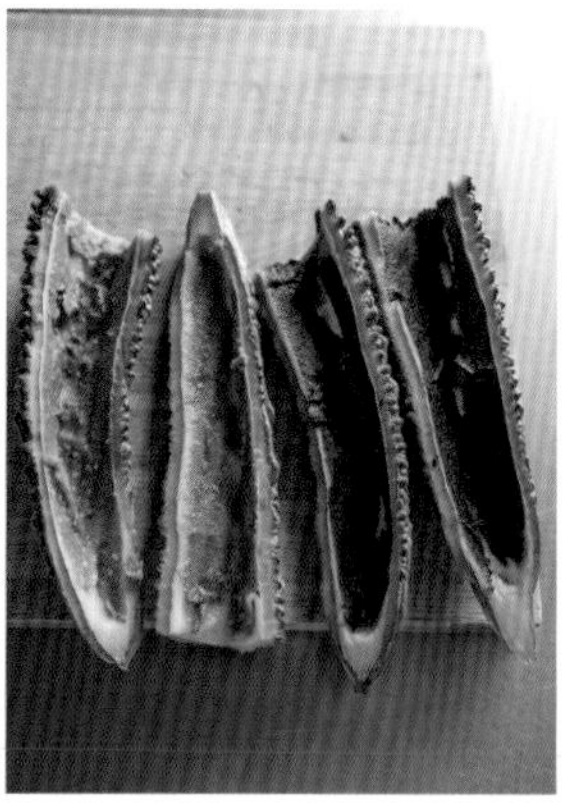

ピーマン味噌

しょうがとみょうが、味噌が香る、夏のピーマン炒め。
ピーマンを細かく切って炒めるのがポイント。
ご飯にのせていただきます。炒りごまや削り節を加えても。

[材料]作りやすい分量
ピーマン　5個
しょうが　2片
みょうが　2〜3個
ごま油　適量
味噌　大さじ3

1　ピーマンは種を取って1㎝四方に切る。しょうがはあられ切りにし、みょうがは小口切りにする。
2　鍋にごま油を熱してしょうがを炒め、香りが立ったらピーマンを加えてよく炒める。
3　味噌を加えてからめるようにして炒める。
4　仕上げにみょうがを加え、ざっと混ぜて火を止める。

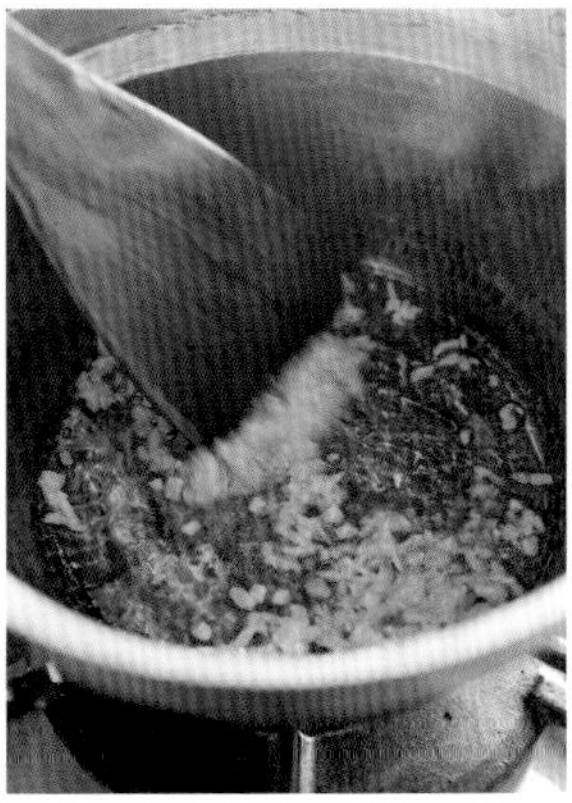

青唐辛子と味噌の青じそ巻き焼き

半分に切った青唐辛子に味噌を詰め、青じそでくるっと巻いてフライパンでじっくりと焼き上げます。

味噌以外の調味料では成り立たない料理。

夏の日の晩酌に、ご飯のおかずに、お弁当にと重宝します。

[材料] 作りやすい分量
青唐辛子（伏見唐辛子、ししとうなど）　4本
青じそ　16枚
味噌　適量
太白ごま油またはごま油　適量

1　青唐辛子は縦半分に切って種を取り除く。

2　青じそ2枚を横にずらして重ね、青唐辛子をのせ、青唐辛子のくぼみに味噌を入れる。青じそを手前から巻き、巻き終わりは楊枝で留める。

3　フライパンを熱して太白ごま油をなじませ、2を並べ入れる。はじめは動かさず、青じそに焼き色がついたら返し、青唐辛子に火が通るまでじっくりと焼く。

さばの味噌煮

さばは盛りつけたときに表になる皮目を上にして鍋に入れると、皮が破けずにきれいに煮上がります。

上からも煮汁をかけながら煮て、少しとろりと仕上げます。

煮汁には水を使わず、酒をベースにするのが我が家流。

[材料] 作りやすい分量
さば　6切れ
しょうが　2片
味噌　½カップ
酒　1カップ強
しょうゆ　大さじ1
メープルシロップまたはみりん　大さじ3～4
針しょうが（水に放してシャキッとさせたもの）　適量

1　さばは味がしみ込みやすいように皮に斜め十字の切り込みを入れる。しょうがは皮つきのまま斜め厚切りにする。

2　ボウルに味噌、酒、しょうゆ、メープルシロップを入れて混ぜ合わせる。

3　平鍋にしょうが、**2**の煮汁を入れて混ぜながら火にかけ、煮立ってきたらさばを皮目を上にして重ならないようにして並べ入れ、皮に煮汁をかける。中心にキッチンばさみで切り目を入れたオーブンシートで落としぶたをし、10分ほど煮る。

4　煮汁が減ってとろりとしてきたら落としぶたをはずし、上からも煮汁をかけながら少し煮て、火を止める。

5　器に煮汁ごと盛り、針しょうがをのせる。

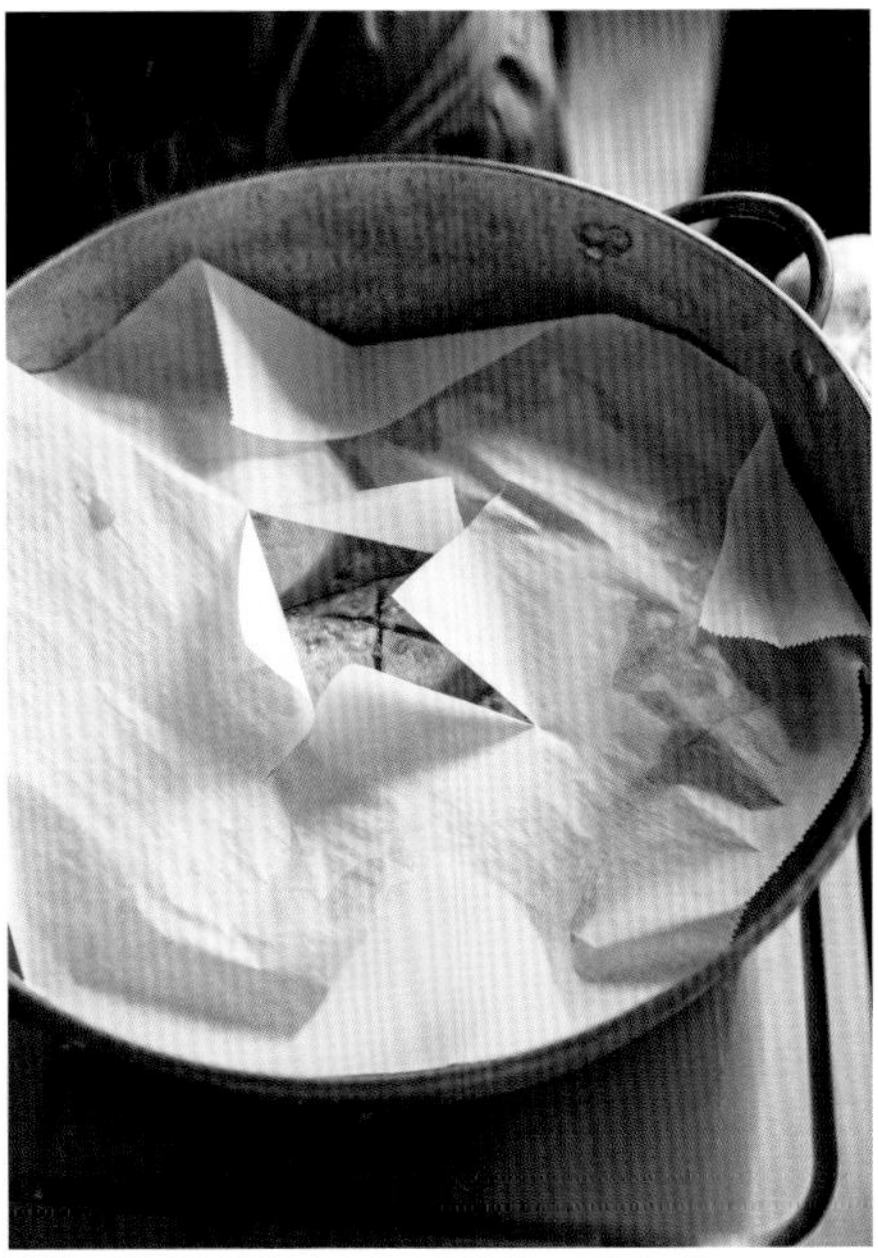

鮭のねぎ味噌マヨネーズ焼き

鮭と相性のよい味噌は、味噌漬けや味噌粕漬け（90ページ参照）にすることが多いですが、脂ののった鮭は味噌焼きにするのもおすすめ。ここでは味噌にマヨネーズを合わせてマイルドな口当たりにし、長ねぎを加えてアクセントをつけます。たらや貝柱、厚揚げにも合います。

1　鮭はペーパータオルで水気を拭く。

2　ねぎ味噌マヨネーズを作る。ボウルに味噌とマヨネーズを入れて合わせ、長ねぎを小口切りにして加え、混ぜ合わせる。

3　グリルに鮭を盛りつけたときに上になる面を上にして置き、ねぎ味噌マヨネーズをたっぷりとのせて焼く。ねぎ味噌マヨネーズに焼き色がついて鮭の皮がパリッとし、鮭の身に火が通れば焼き上がり。

［材料］2人分
生鮭　2切れ
ねぎ味噌マヨネーズ
―味噌　大さじ2
―マヨネーズ　大さじ2
―長ねぎ　1/4本

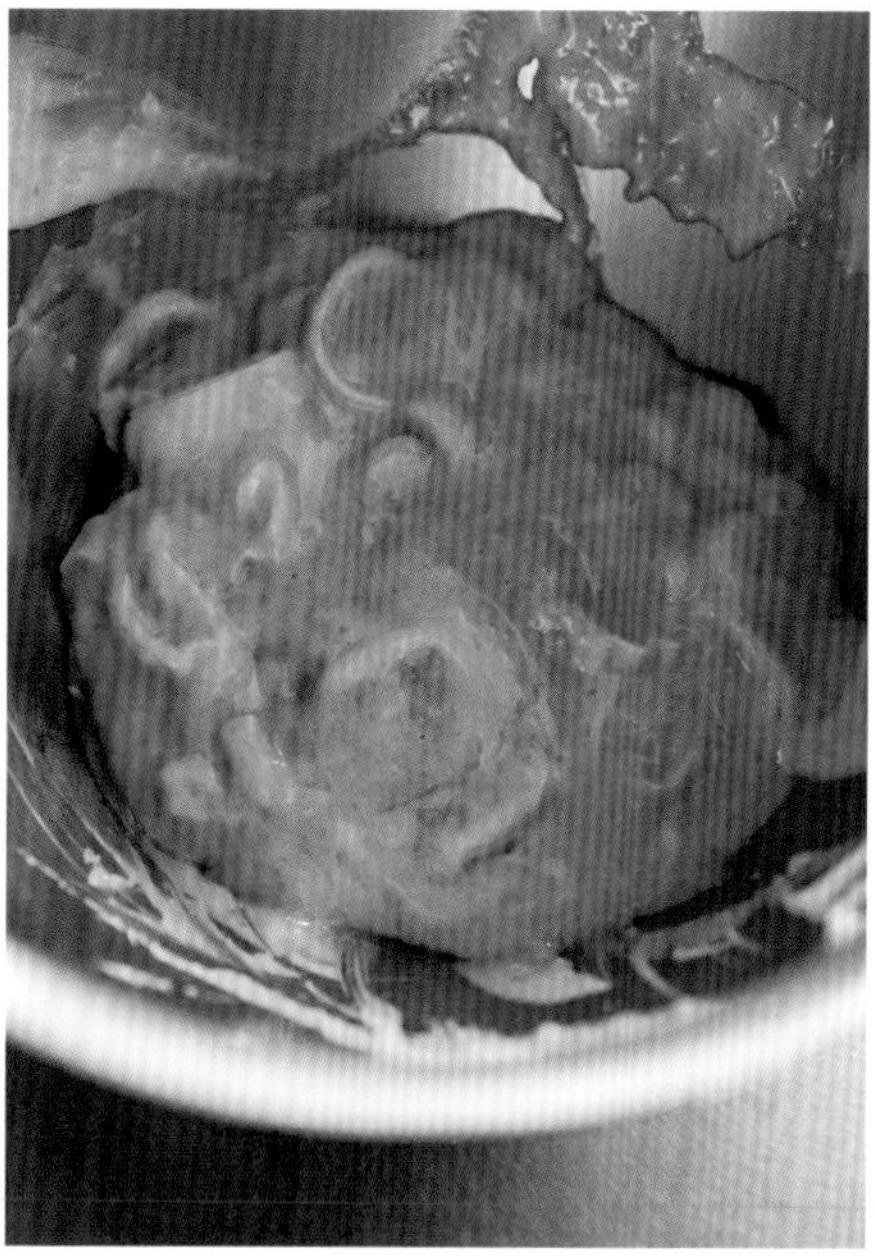

ひき肉味噌と生野菜、玄米ご飯

味噌で炒め煮にしたひき肉はうまみたっぷり。玄米ご飯と一緒にレタスで包んでいただくほか、中華麺をあえたり、ひき肉オムレツにしたり、冷や奴にのせたりと、使い道は無限大。ひき肉は脂が透き通ってくるまでよく炒めてから調味料を加え、少しとろりとするまで煮るのが、おいしさの秘訣です。

[材料]作りやすい分量

ひき肉味噌

豚ひき肉　300g

長ねぎ　10~15cm

にんにく　1~2片

しょうが　大1片

太白ごま油　適量

味噌　大さじ4~5

きび砂糖　大さじ1

酒　大さじ3

玄米ご飯(40ページ参照)　適量

レタス、ピーマン　各適量

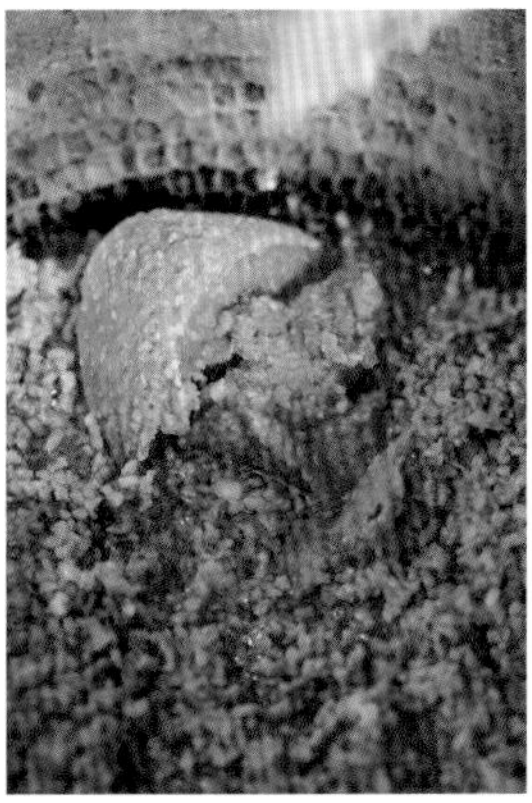

1　ひき肉味噌を作る。長ねぎ、にんにく、しょうがはみじん切りにする。

2　鍋に太白ごま油、**1**を入れて火にかけ、香りが出るまで炒め、ひき肉を加えてよく炒める。脂が透き通ってきたら味噌、きび砂糖を加えてさらに炒める。

3　酒を加え、水をかぶるくらい注ぎ入れ、とろりとしてくるまで弱火で煮る。味噌またはしょうゆ(分量外)で味を調える。

4　レタスは芯の部分に十字に切り込みを入れ、冷水に放してシャキッとさせ、1枚ずつにする。ピーマンはヘタと種を取って縦3~4等分に切る。

5　レタスの上にピーマン、玄米ご飯、ひき肉味噌をのせ、レタスで包んでいただく。

ラム肉のにんにく味噌焼き

味噌におろしにんにくを混ぜてにんにく味噌を作り、ラムチョップにたっぷりとぬってオーブンで焼き上げます。辛くしたければ豆板醤を、甘くしたければメープルシロップを入れても。高温のオーブンで短時間で焼くと、肉がかたくならず、ジューシー。

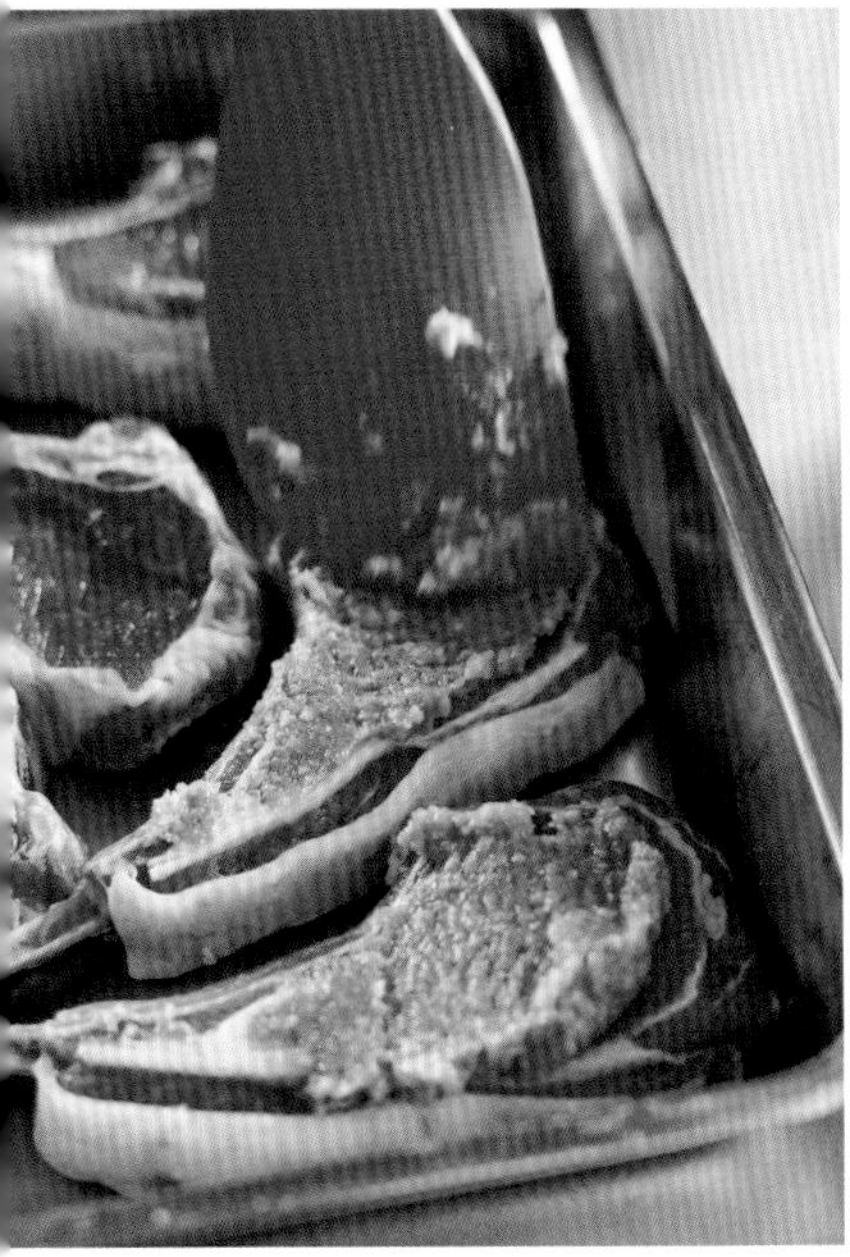

[材料]5本分
ラムチョップ　5本
にんにく味噌
　にんにく　2片
　味噌　大さじ3〜4

1　にんにく味噌を作る。にんにくは皮をむいてすりおろす。ボウルに入れ、味噌を加えて混ぜ合わせる。

2　ラムチョップの片面ににんにく味噌をぬる。

3　オーブンの天板を下段に、網を上段にセットし、**2**のラムチョップを網に並べてのせ、230℃のオーブンでおいしそうな焼き色がつくまで焼く。

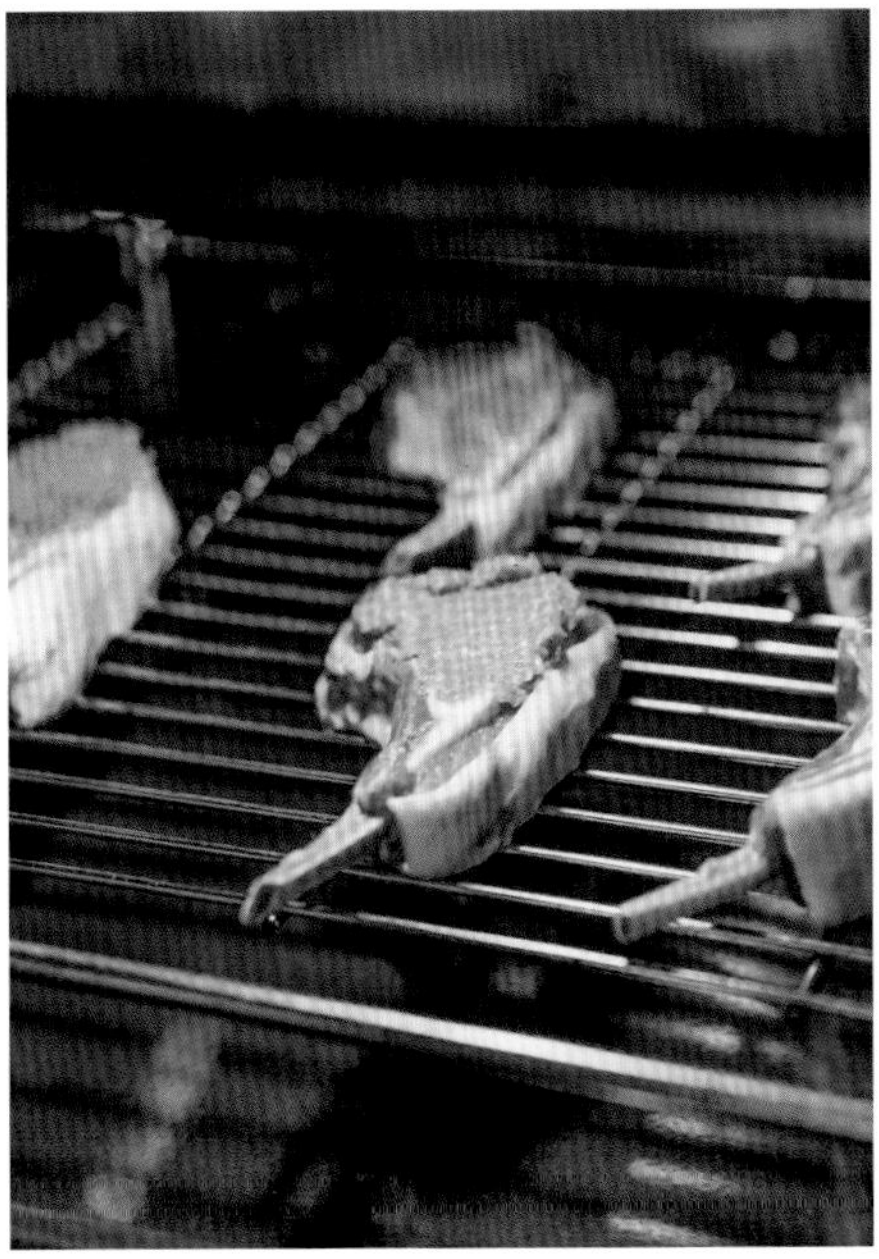

味噌味チャーシュー

特製だれに漬け込んだ豚肩ロース肉を、オーブンで焦げ色がつくまで焼き上げます。まずはそのまま薄切りにしてチャーシューのおいしさを楽しみ、次に、あえ麺、チャーハン、サラダ、サンドイッチなどに。

[材料] 作りやすい分量
豚肩ロース肉（かたまり）　500g
漬けだれ
　紹興酒　1/3カップ
　しょうゆ　大さじ3
　味噌　大さじ3
　メープルシロップまたは砂糖
　　大さじ3
　にんにくのすりおろし　2〜3片分
　しょうがのすりおろし　大1片分
八角　2個
卵　1個
長ねぎのせん切り（水に放してシャキッとさせたもの）　適量

1　漬けだれを作る。ボウルに八角と卵以外の材料を入れてよく混ぜ、八角と卵を加えて混ぜ合わせる。

2　豚肉を半分に切って保存袋に入れ、漬けだれを加えて密閉し、冷蔵庫に入れて2日ほど漬ける。

3　2の豚肉の汁気をきり、フライパン（オーブン調理可能なもの）に入れ、220℃のオーブンで15分ほど焼く。漬けだれはボウルに移す。

4　フライパンをいったん取り出し、豚肉に漬けだれをからめ、再びフライパンに入れ、オーブンに戻して焼く。たれをつけながら焼く作業を4〜5回繰り返し、焼き色がついてきたら200℃に下げ、照りよく焼き上げる。焼き時間は通算45〜50分。

5　竹串を刺してみて、澄んだ肉汁が出るようなら焼き上がり。取り出して粗熱を取る。

6　食べやすい厚さに切って器に盛り、長ねぎのせん切りを添える。

酒粕

味噌汁に加えたり、漬け床にしたり。さまざまに使えます

酒粕にはあまりなじみがないという方もあると思います。わたしは父方の家が醸造元であることもあり、子どものころから夏も冬も酒粕の料理が食卓にのぼっていました。わたしにとって酒粕は、味噌と同じくらい、なくてはならない発酵食品です。

夏の料理で真っ先に思い出されるのは、夏野菜の酒粕漬けです。染付の大鉢にやわらかい酒粕がたっぷり入って、中から大ぶりのきゅうりやなす、白うりが浅漬かりで次々と出てくるのがおもしろく、長いままの葉しょうがが林のように立った姿も印象的で、この夏のごちそうが大好きでした。今も初夏になると我が家の食卓に登場する風物詩です。だれもが林立する葉しょうがにはびっくりしています。

冬になれば氷頭と大根の粕汁が定番です。ぶりと大根もおいしい。今風にさば缶と大根の粕汁も簡単でおいしく、体が温まります。

昨今では少し探せばおいしい酒粕が手に入ります。わたしは、なじみの酒屋さん自慢の、日本一のおいしい酒粕を楽しんでいます。この酒粕は、もうひと搾りすれば酒が搾れるくらいのやわらかさ。発酵食品だから体によい云々はさておき、味噌汁にほんの少しの酒粕を加えると、なんともいえずまろやかになり、野菜から魚、肉に至るまで漬け込めばなんでもおいしくいただけます。

粕漬けは、お弁当にも向いています。ひと晩からふた晩ほど漬ければ十分おいしくなりますが、そのまま何か月か漬けっ放しにすると、上等な酒肴になります。みょうがや青トマト、白うりなどは、時間がたった風味と独特のカリカリ感がおいしく、酒粕の力に驚かされます。

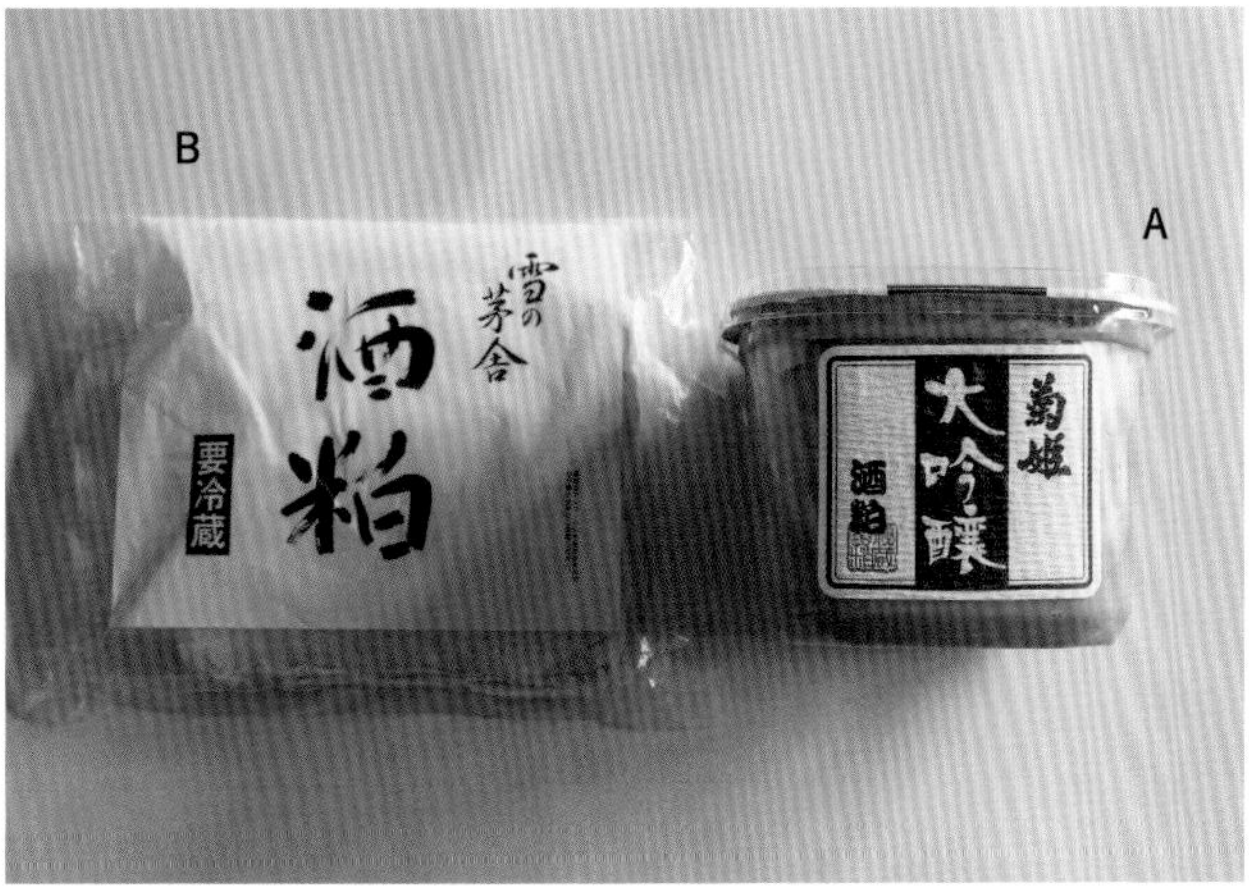

A　元々**酒粕**は日本酒を造る過程で出てくる副産物で、さまざまなものがあります。わたしがいつも使っているのは「菊姫 大吟醸」の**練り粕**で、大吟醸を搾った際にできた酒粕を約半年熟成させたもの。なめらかな口当たりと上品な香りが特徴。おいしい日本酒からできる酒粕はやはりおいしいもので、料理に使えばコクとうまみがアップします。料理に質のよい日本酒を使うのと同じことです。やわらかいタイプは、そのまま料理に使えるので便利です。

B　日本酒を搾ったままの板状のものが**板粕**。かたい板粕を料理に使うときは、酒やみりんなどを加えてやわらかくします。また、板粕をそのまま焼けば、昔ながらのおやつになります（94ページ参照）。

里いもと大根の味噌粕汁

味噌のコクと酒粕のほのかな甘みと香りが一緒になった、
まろやかな味わいの味噌粕汁。
里いも、大根、かぶなどの根菜類がよく合います。
きれいな味に仕上げたいので、里いも、大根ともに下ゆでしてから使います。

［材料］4人分
里いも　小4個
大根　12cmくらい
だし汁　4½カップ
味噌　大さじ1½
酒粕（練り粕）　大さじ1½

1　里いもは皮を洗って泥を落とし、水気を拭いて皮をよく乾かす。上下を少し切り落とし、皮を六方むきにし、ペーパータオルでぬめりを取る。塩ひとつまみ（材料外）を入れた水からゆで、竹串を刺してすっと通るまで下ゆでする。

2　大根は1cm厚さの輪切りにして皮をむき、大きいものはいちょう切り、小さめのものは半月切りにする。米ぬか適量（材料外）を入れた水からゆで、竹串を刺してすっと通るまで下ゆでする。大根がやわらかくなったら洗って米ぬかを落とす。

3　鍋にだし汁を入れて火にかけ、だし汁が温まったら、味噌と酒粕を溶き入れる。

4　里いもと大根を加え、沸騰する直前まで温める。

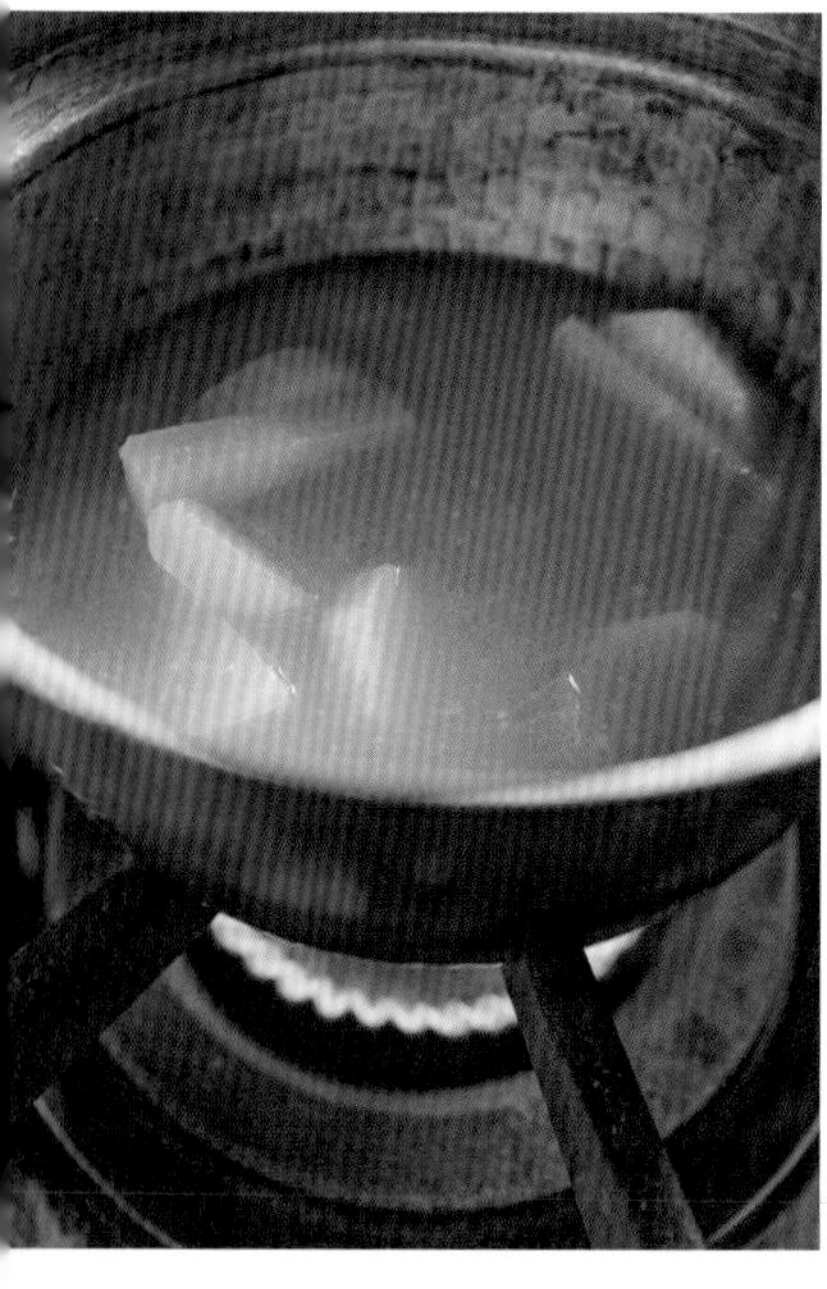

鮭の粕汁

鮭や大根、じゃがいも、しいたけなど、具だくさんで作る寒い日のごちそう。

塩鮭ならではのうまみとコク、酒粕特有の甘くふんわりとした香り、まろやかな味わいは、体を芯から温めてくれます。

少し煮詰まった翌日も、またおいしくいただけます。

［材料］作りやすい分量
鮭のカマ（辛塩）　2切れ
大根　½本
じゃがいも　2個
しいたけ　4枚
長ねぎ　1本
酒粕（練り粕）　80g
昆布　5〜6cm
味噌　適量
七味唐辛子　少々

1　鮭のカマは食べやすい大きさに切って熱湯をかける。

2　大根は2cm厚さの輪切りにして皮をむき、半月切りにする。じゃがいもは皮をむいて4つ割りにし、水にさらす。しいたけは石づきを取って4つ割りにする。長ねぎは1cm幅の小口切りにする。

3　鍋に昆布を敷き、鮭、大根、かぶるくらいの水を入れて強火にかけ、煮立ったらアクを取り、弱火で煮る。大根が少しやわらかくなったら、じゃがいも、しいたけを加え、すべての具材がやわらかくなるまで煮る。途中、汁気が減ったら水を足す。

4　酒粕を溶き入れ、さらに10分ほど煮る。底に敷いた昆布を取り出してひと口大に切り、鍋に戻す。

5　味をみて、味噌を溶き入れて味を調える。

6　器に盛り、長ねぎを散らし、七味唐辛子をふる。

夏野菜の酒粕漬け

わたしの実家で夏の食卓によくのぼっていたのが、この酒粕漬け。
やわらかい酒粕に塩でもんだ夏野菜を漬け込み、
葉しょうがをそのまま酒粕に突き刺した、ダイナミックな一品。
酒粕はお酒の香りがするやわらかめのタイプのものを使うのが鉄則。
漬けてから2時間ほどでおいしくいただけます。

［材料］作りやすい分量
葉しょうが　15〜16本
なす　1〜2本
きゅうり　1〜2本
酒粕（練り粕）　適量

1　なすはヘタを取って4つ割りにし、食べやすい大きさの斜め切りにする。きゅうりは食べやすい大きさの乱切りにする。ボウルに入れ、塩適量（材料外）をふって重しをし、1〜2時間おき、水気が出たら絞る。

2　**1**の野菜をボウルに戻し、酒粕適量を入れてからめる。

3　中鉢に移し、さらに酒粕適量を加えて全体を覆うようにしてならす。

4　葉しょうがを1本ずつにし、葉先を斜めに切り落とし、**3**の器に間隔を空けて突き刺す。

5　このまま2時間ほどおく。葉しょうがはこのまま、なす、きゅうりは酒粕の中から取り出し、酒粕を拭っていただく。

わさび漬け

生わさびと酒粕、ほんの少しのメープルシロップまたはきび砂糖で、簡単に自家製わさび漬けが作れます。

生わさびは、あの独特の鼻に抜ける辛みだけでなく食感も楽しみたいので、あられ切りにします。

［材料］作りやすい分量
わさび（根、茎） 50g
酒粕（練り粕） 50g
メープルシロップまたはきび砂糖 少々

1 わさびはたわしなどで洗って汚れを落とし、皮を薄くそいであられ切りにする。ボウルに入れて塩少々（材料外）をふり、アクを含んだ水分が出たらペーパータオルなどで包んで水気をしっかり絞る。

2 わさびをボウルに戻し、酒粕、メープルシロップを加えて混ぜる。冷蔵庫に入れて1日以上おき、味をなじませる。

水菜の酒粕あえ

なめらかな口当たりのおいしい酒粕があれば、それだけでOK。好みでメープルシロップまたはきび砂糖をほんの少し加えます。右ページのわさび漬けであえてもいいですね。

[材料]作りやすい分量

水菜　1束

酒粕(練り粕)　適量

1　水菜はざく切りにし、ボウルに入れて塩少々(材料外)をふり、水気が出たらしっかり絞る。

2　ボウルに水菜を戻し、酒粕を加えてあえる。

さわらの山椒粕漬け

実山椒の季節にぜひ作りたいのが、酒屋のご主人に習った山椒入りの粕漬け。

山椒の香りはほんのり、実山椒の若草色がきれい。

さわらには塩をきつめにしておくと、うまみが凝縮されてめりはりのある味になります。

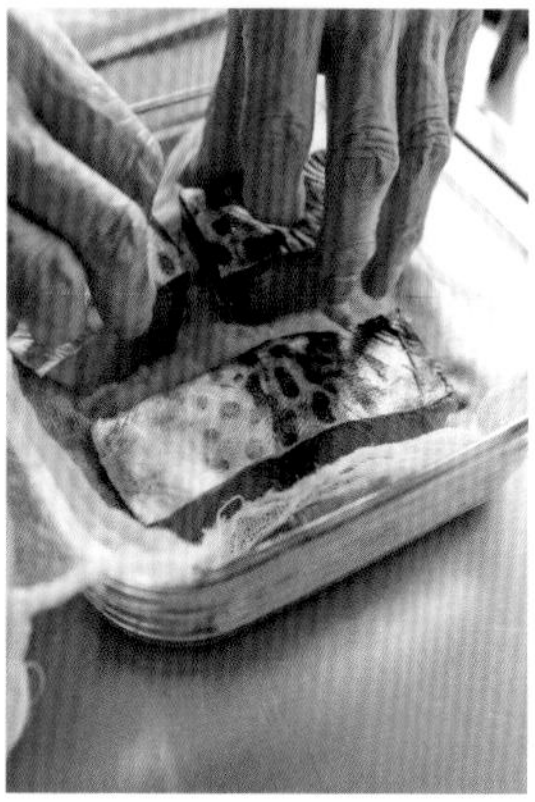

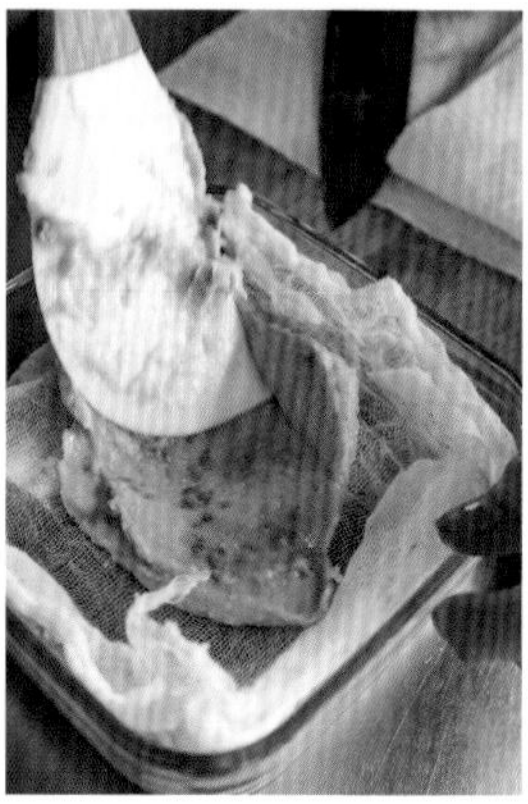

[材料] 作りやすい分量

さわら　2切れ
塩　適量
山椒粕床
—酒粕(練り粕)　2カップ
—実山椒　ひとつかみ
新しょうがの赤梅酢漬け＊　適量

＊新しょうがの赤梅酢漬け……新しょうがの皮をこそげ落とし、瓶に入る大きさに切り、熱湯で7～8秒ゆがいて汁気を拭く。保存瓶に入れ、赤梅酢をひたひたに注ぎ入れ、ふたをして冷蔵庫に入れてしっかり染まるまでおく。

1　さわらはザルに並べて両面に軽く塩をふり、冷蔵庫に半日入れて身をしめ、水気を拭く。

2　山椒粕床を作る。実山椒は塩少々(分量外)を入れたたっぷりの熱湯で30秒ほどゆで、ザルに上げて冷水にとり、水気をよく拭く。

3　ボウルに酒粕を入れ、**2**の実山椒を加えて練るようにして酒粕と実山椒をなじませる。

4　保存容器に**3**の半量を入れてならし、ガーゼ(またはネット)をのせて平らにする。さわらを並べ、大きければ半分に切って入れる。ガーゼをかぶせ、残りの**3**をのせて表面をならす。ふたをし、冷蔵庫に入れて1～2日漬ける。

5　山椒粕床からさわらを取り出し、グリルに皮目を上にして並べ、皮がパリッとするまで焼く。

6　器に盛り、新しょうがの赤梅酢漬けを薄切りにして添える。

鮭の味噌粕漬け

魚介や肉を漬け込むときは、酒粕と味噌を合わせた味噌粕床にするのがおすすめ。酒粕の甘さと香り、味噌の塩気とコクが融合して唯一無二のおいしさになります。酒粕と味噌の割合は好みで構いません。甘くしたいときはみりんやメープルシロップを加え、味噌粕床がかたかったら、酒かみりんを加えて調整。繰り返し数回使えます。

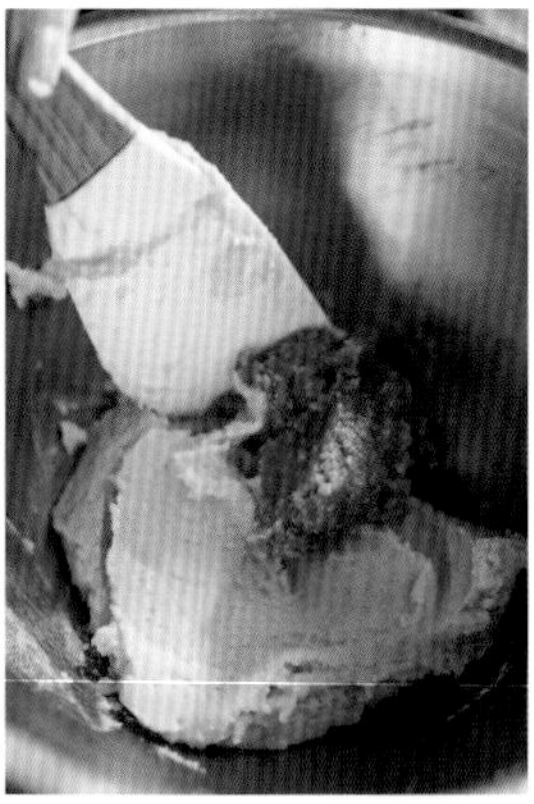

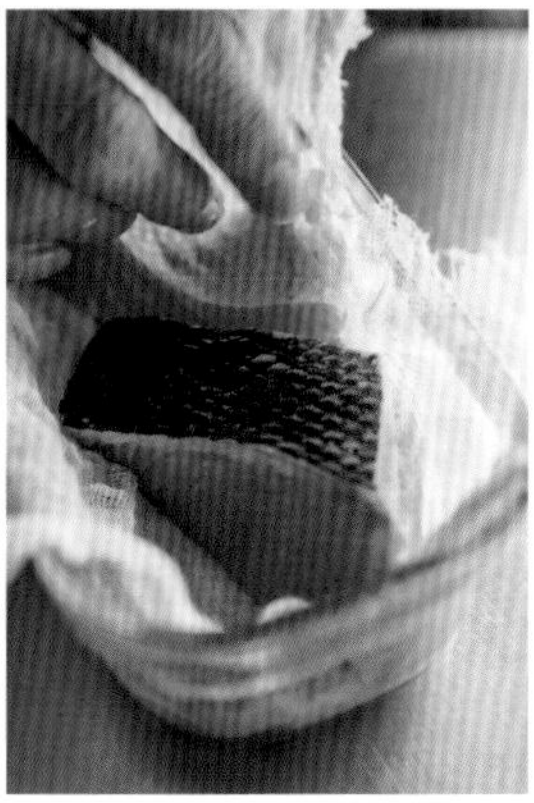

[材料] 作りやすい分量

生鮭　1〜2切れ
塩　適量
味噌粕床
- 味噌、酒粕(練り粕)　合わせて2カップ
- みりん　少々

1 鮭はザルに並べて両面に軽く塩をふり、冷蔵庫に入れて2〜3時間おき、水気を拭く。

2 ボウルに味噌と酒粕を入れて混ぜ、みりんを加えてのばして味噌粕床を作る。

3 保存容器に**2**の半量を入れてならし、ガーゼ(またはネット)をのせて平らにし、鮭を半分に切って並べる。ガーゼをかぶせ、残りの**2**をのせて表面をならす。

4 ふたをし、冷蔵庫に入れて1〜2日漬ける。

5 味噌粕床から鮭を取り出し、グリルに皮目を上にして並べ、皮がパリッとするまで焼く。

鶏肉の味噌粕漬け

鮭や白身魚、貝柱などの味噌粕漬けもさることながら、
鶏肉の味噌粕漬けもうまみがあってクセになるおいしさ。
味噌粕床に漬け込んだ鶏肉は焼いてもかたくならず、ジューシーです。
皮をカリッと香ばしくなるまでしっかり焼くのがおすすめです。

［材料］作りやすい分量
鶏もも肉　大1枚
味噌粕床
―味噌、酒粕（練り粕）
　合わせて2カップ
―みりん　少々
針しょうが　適量

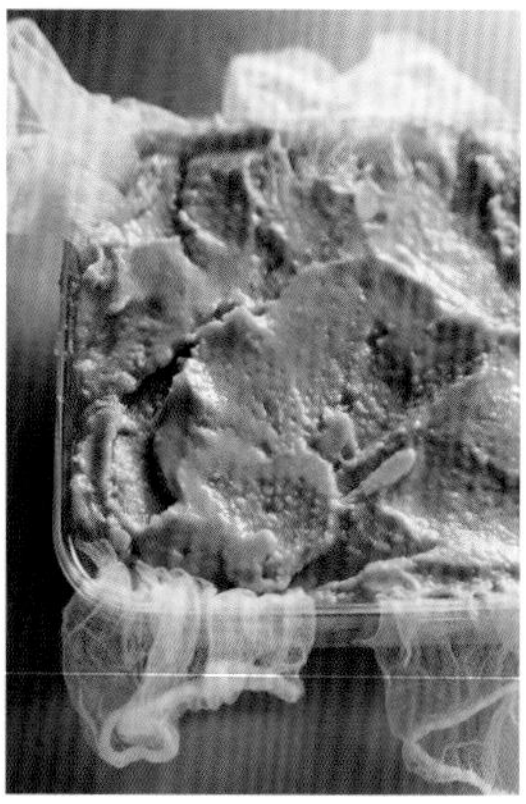

1　味噌粕床の材料を混ぜ合わせる。
2　鶏肉は半分に切ってそれぞれネットに入れる（またはガーゼで包む）。
3　保存容器に味噌粕床の半量を入れてならし、2の鶏肉を並べ入れ、残りの味噌粕床をのせて表面をならす。
4　ふたをし、冷蔵庫に入れて2～3日漬ける。
5　味噌粕床からネットを出して鶏肉を取り出し、半分に切って皮目を上にしてグリルに並べ、皮がパリッとしておいしそうな焼き色がつくまで焼く。
6　食べやすい大きさに切り分けて器に盛り、針しょうがを添える。

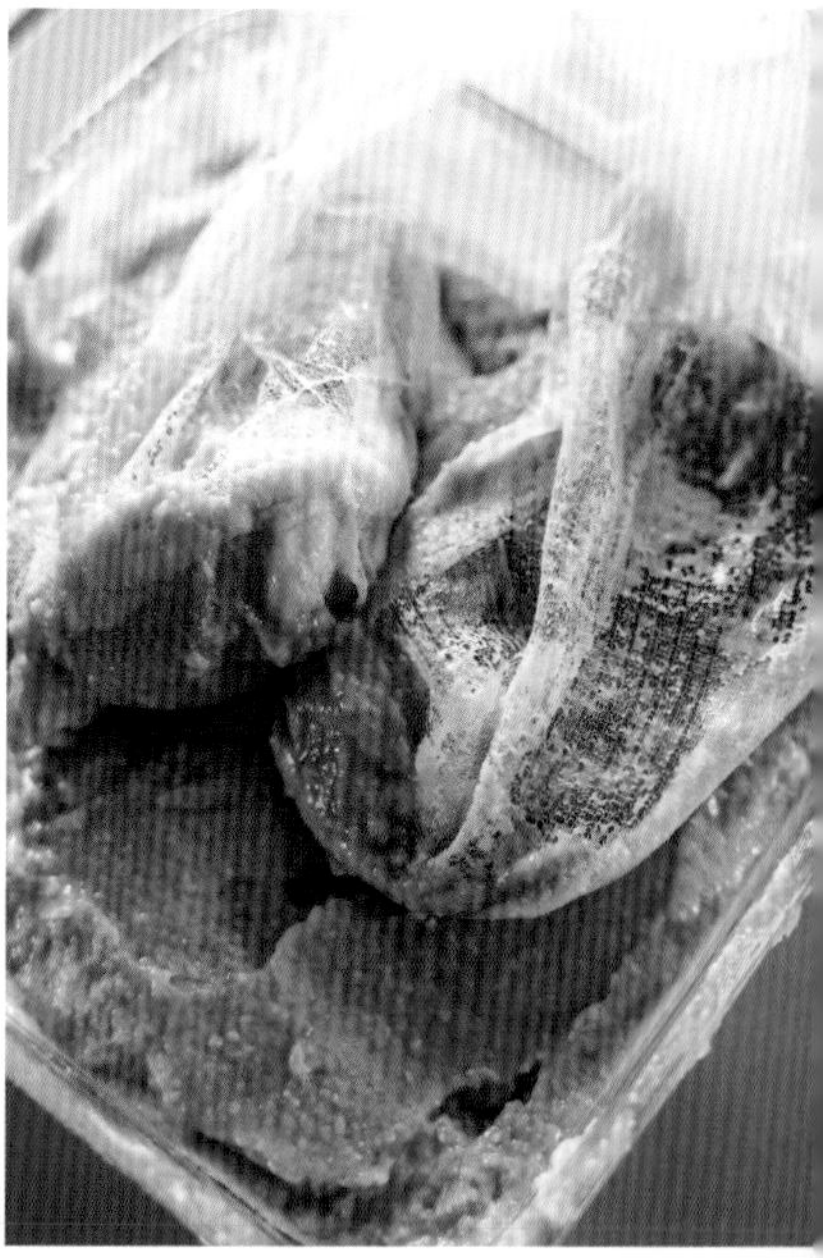

板粕焼き

昔は酒粕といえば板粕が主だったというご家庭も多いよう。
これは知人が子どものころに、
家族がよく食べていたというおやつ。
板粕を焼いて香りを出し、砂糖をのせていただきます。
甘みをつけると酒粕のうまみが引き立ち、
よりおいしくなります。メープルシロップをかけても。

［材料］作りやすい分量
酒粕（板粕）　2枚
上白糖またはメープルシロップ　適量

1　焼き網を熱して板粕をのせ、弱火で両面を焼いて焼き色をつける。オーブントースターやグリルを使ってもよい。

2　食べやすい大きさに切り分けて器に盛り、上白糖またはメープルシロップをかける。

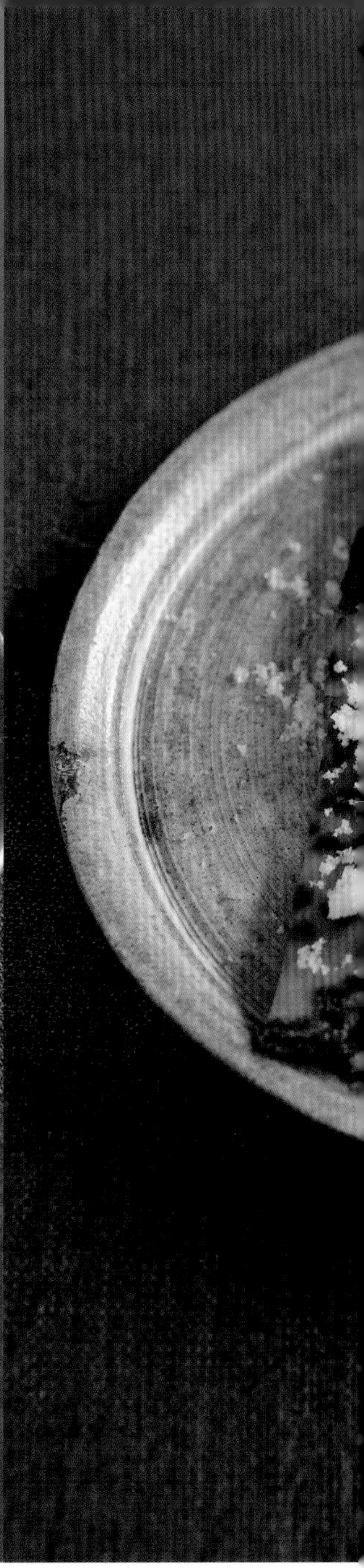

有元葉子　Yoko Arimoto
素材の持ち味を生かし、余分なものを入れない引き算の料理が人気。自分が本当によいと思える食材と調味料を使い、心と体が納得するシンプルなおいしさを追求。東京・田園調布で料理教室「COOKING CLASS」を主宰し、旬の食材を使ったコース仕立てのレッスンを行う。
www.arimotoyoko.com

ブックデザイン　若山嘉代子　L'espace
撮影　竹内章雄
スタイリング　千葉美枝子
編集　松原京子
校正　安久都淳子
DTP製作　天龍社

有元葉子の和の食材
有元葉子　味噌、酒粕
2024年1月20日　第1刷発行

著者　有元葉子
発行者　木下春雄
発行所　一般社団法人家の光協会
〒162-8448　東京都新宿区市谷船河原町11
電話　03-3266-9029（販売）
03-3266-9028（編集）
振替　00150-1-4724
印刷・製本　図書印刷株式会社

ISBN978-4-259-56783-5 C0077